Sei die Liebe deines Lebens

SCHRITT FÜR SCHRITT ZU DIR

Ellen Lutum

2. Auflage 2022 (v5.1)

Das Werk einschließlich all seiner Teile ist urheberrechtlich geschützt. Jede Verwertung ist ohne Zustimmung der Autorin unzulässig. Das gilt insbesondere für Vervielfältigungen, Übersetzungen, Mikroverfilmungen und die Einspeicherung und Verarbeitung in elektronischen Systemen.

Copyright © 2020 Ellen Lutum

Text: Ellen Lutum
Cover: Ina Oakley
Illustration: Theresa Lutum

Web: www.ellenlutum.de
Mail: ellen@ellenlutum.de
Firmenanschrift: Ellen Lutum, Jahnstr. 17, 48703 Stadtlohn

Die Autorin

Ellen Lutum ist examinierte Krankenschwester, Heilpraktikerin für Psychotherapie, Coach und Autorin. Sie unterstützt und begleitet Frauen, ihre eigenen Fähigkeiten wiederzuentdecken und auf ihre Intuition zu vertrauen. Frauen zu motivieren, zu begeistern und die Sisterhood-Bewegung zu stärken ist ihre Mission.

Sie ist seit 25 Jahren mit ihrem Mann zusammen und gemeinsam haben sie drei Töchter im Teenageralter.

Bleib auf dem Laufenden

Den Podcast „Sei die Liebe deines Lebens" findest du zum Beispiel bei Spotify oder iTunes.

Scan mich

Sei ein Teil der Community auf Instagram (ellen.lutum) und Facebook (Ellen Lutum).

Die Autorin ist für Lesungen, Vorträge und Workshops zu buchen.

Signierte Buchbestellung

Du möchtest ein oder mehrere Exemplare meiner Bücher "Jedes Pfund hat seinen Grund" oder "Sei die Liebe deines Lebens" oder vielleicht das passende Workbook direkt bei mir bestellen?
Vielleicht auch als Geschenk mit persönlicher Widmung für eine gute Freundin? Dann bist du hier genau richtig.

Du findest das Bestellformular auf meiner Webseite unter: Angebote -> Signiertes Buch oder scanne einfach den QR Code

Scan mich

Das Workbook

Das Workbook mit integriertem Journal zu diesem Buch gibt es jetzt ganz neu auch bei Amazon oder auf meiner Webseite mit persönlicher Widmung.

Mehr Infos zum Workbook findest du am Ende dieses Buches.

Inhalt

EINLADUNG 9

JEDER AUFBRUCH BRAUCHT EIN ZIEL 13

BEWUSSTES UND UNBEWUSSTES DENKEN 14
DEN AUTOPILOT VERLASSEN UND NEUE WEGE GEHEN 18
WEISST DU, WER DU WIRKLICH BIST? 22
SCHÖPFERIN DES EIGENEN LEBENS WERDEN 24
AUSBRECHEN AUS ALTEN MUSTERN – DIE MACHT DER POSITIVEN PSYCHOLOGIE 29
DAS MANIFESTIEREN ODER: HOFFNUNGSVOLL DENKEN 32
INS TUN KOMMEN 40

DU BIST DIE LIEBE DEINES LEBENS 45

DIE SACHE MIT DER ANERKENNUNG 45
WARUM ES SO WICHTIG IST, SICH SELBST ZU FEIERN 48
SELBSTLIEBE IST KEIN EGOISMUS 53
VON DER SELBSTVERACHTUNG IN DIE SELBSTLIEBE 57
DIE ESSENZ DEINES GLÜCKS 64

WIE KONFLIKTE ENTSTEHEN – UND WIE WIR SIE LÖSEN KÖNNEN 70

JEDE*R HAT EINE EIGENE LANDKARTE 71
SEI DU DIE VERÄNDERUNG, DIE DU DIR WÜNSCHT 80

WAS DER SÄBELZAHNTIGER MIT UNSEREM STRESS ZU TUN HAT 92

WENN DER KÖRPER REBELLIERT 92
WIE ENTSTEHT STRESS? 97
WELCHE FOLGEN STRESS HABEN KANN 100
STRESSMUSTER AUFLÖSEN 102

GRENZEN SETZEN – NEIN SAGEN 107

MANCHMAL IST ABGRENZUNG GAR NICHT SO EINFACH 109

Warum es uns so schwer fällt, Nein zu sagen 113
Das Müssen lassen – geliebt um deinetwillen 118
Ja und Nein: zwei Seiten einer Medaille 122

Tschüss, Perfektionismus! 129

Erwartungen machen das Leben schwer 129
Erwartungen – übertragen von Generationen 135
Finde deine Alltags-Trigger 139
Du stirbst – fang an zu leben! 142
Höre auf, dich zu vergleichen 146
Die Karmischen Gesetze und was sie für deinen Alltag bedeuten 156

Und die Vergangenheit? 164

„Ich hatte es doch gut!" 165
Die einzige Zeit ist Jetzt 171
Heil werden 174

Lebe deine Weiblichkeit 182

Viele Fortschritte und ein Verlust 182
Let's talk about sex, baby 186
Perfekt, so wie du bist 188
Dates mit dem Partner 191
Gehen oder bleiben? 194
Du hast alles, was du brauchst 201

Ende und Anfang 203

Dank 205

Zugangsdaten Downloadbereich 208

Literaturverzeichnis 209

Alle Übungen auf einen Blick

ÜBUNG 1: GEWOHNTES ANDERS TUN 18
ÜBUNG 2: EIN VERTRAG MIT MIR SELBST..........................21
ÜBUNG 3: DER IST-ZUSTAND... 22
ÜBUNG 4: DAS VISION BOARD 26
ÜBUNG 5: DAS GUTE BENENNEN.......................................31
ÜBUNG 6: MÖGLICHKEITEN DENKEN UND FÜHLEN...............32
ÜBUNG 7: DIE TIEFE SEHNSUCHT DEINER SEELE 41
ÜBUNG 8: SPIEGELARBEIT 60
ÜBUNG 9: 50 DINGE, DIE DU AN **DIR** MAGST 63
ÜBUNG 10: AFFIRMATIONEN, DIE DEIN LEBEN VERÄNDERN 66
ÜBUNG 11: STRICHMÄNNCHEN-TECHNIK VON JACQUES MARTEL 86
ÜBUNG 12: DIE GOLDENE HALBE STUNDE......................... 96
ÜBUNG 13: DER GRÜBEL-STUHL 105
ÜBUNG 14: WIE GEHE ICH MIT MEINEN GRENZEN UM?........................108
ÜBUNG 15: IST DAS WAHR? 138
ÜBUNG 16: WAS WÜRDEST DU TUN, WENN DEIN LEBEN BALD ZU ENDE WÄRE? 145
ÜBUNG 17: MIR SELBST UND ANDEREN VERGEBEN............................. 178
ÜBUNG 18: DEN FOKUS ÄNDERN 199

Überblick Symbole

Damit du dich besser im Buch zurechtfindest, verwende ich verschiedene Symbole.

Zitate
Zitate aus anderen Büchern oder von Personen erkennst du an diesem Symbol.

Übungen
Alle Übungen werden mit diesem Symbol gekennzeichnet. Hier gibt es also was für dich zu tun.

Downloads
An diesem Symbol erkennst du, dass es auf meiner Webseite weitere Informationen oder Vordrucke, zum Beispiel für Übungen, als Download gibt. Du findet alles unter:
https://www.ellenlutum.de/downloads
Die Zugangsdaten findet du am Ende des Buches im Kapitel „Zugangsdaten Downloadbereich" (Seite 208).

Einladung

Wieder ein blöder Tag. In einer anstrengenden Woche. In einem ungünstigen Monat. In einem schlechten Jahr. Das nächste Jahr wird sicher besser. Doch es bleibt das Gefühl, täglich zu scheitern.

Der Beruf: Ich hatte das Gefühl nicht teamfähig zu sein, alles geben zu müssen und am Ende reichte es trotzdem nicht.

Die Ehe: Wir waren so oft an einem Punkt, an dem alles auf Messers Schneide stand.

Die Kinder: Kleinigkeiten brachten mich völlig aus dem Konzept und ich reagierte wie ein Pulverfass. Und habe mich so geschämt für meine Unzulänglichkeit und meine geringe Belastbarkeit.

In mir war so viel Wut, Ohnmacht, Unzufriedenheit und Verzweiflung. Doch das durfte keiner sehen. Also wurde unsere Fassade geboren, die vermittelte, dass alles in Ordnung ist. Dass wir eine glückliche Familie sind. Dass ich glücklich bin. Doch das war so anstrengend, als würde ich eine Riesenlast auf meinen Schultern tragen.

Und heute? Heute sind wir, bin ich wirklich glücklich. Ich erlebe Liebe und Glück – so viel tiefer, als ich es mir je hätte vorstellen können. Heute höre ich Lachen und bin immer wieder erstaunt, dass es mein eigenes ist. Und es ist so schön. So leicht. So einfach. Und es inspiriert mich. Jeden Tag aufs Neue.

Wie ist das passiert? Woher kam dieser Wandel? *Ich* habe mich gewandelt. Ich habe die Verantwortung für meine Gefühle übernommen. Ich habe gelernt, mich so zu lieben, wie ich bin und mit allem was ist. Ich habe gelernt, dass keiner für meine Gefühle verantwortlich ist, außer ich selbst. Ich habe gelernt, dass ich die Liebe von anderen nur spüren kann, wenn ich meine eigene Liebe zu mir spüre.

Ich gehe seit sieben Jahren konsequent diesen Weg. Es ist ein Lernen, Umsetzen, Spüren, Weiterspringen. Ich habe in dieser Zeit viele Ausbildungen, Weiterbildungen, Zertifizierungen, Begleitungen, Erfahrungen gemacht. Und es hört nicht auf – ich habe Hunger auf mehr. Ich gehe immer weiter. Ich lerne immer weiter.

Weder war meine Familie bei einem Coach, noch haben wir gemeinsam eine Therapie gemacht. Alle Veränderungen, die wir hier durchgemacht haben, kamen daher, dass ich mich verändert habe.

Mit diesem Buch gebe ich mein Wissen an dich weiter und teile mit dir meine Erfahrungen. Weil ich davon überzeugt bin: Auch du kannst alles haben, was du willst. Du kannst das Leben führen, das du führen möchtest. In diesem Buch habe ich aufgeschrieben, welchen Weg ich mit welchen Mitteln gegangen bin, um ein glückliches und erfülltes Leben zu leben. Und ich erzähle dir auch von Erfahrungen, die meine Klientinnen gemacht haben. Sie zeigen dir, was alles möglich ist, wenn man sich auf den Weg macht.

Die Bespiele aus meiner Praxis habe ich so verändert, dass die Person hinter der Geschichte verborgen bleibt. Solltest du doch Zusammenhänge oder Ähnlichkeiten zu Personen erkennen, dann sind sie zufällig.

Du findest über das Buch verteilt Übungen und Anregungen, die ich sowohl selber praktiziere als auch in meiner langjährigen Arbeit als Coach meinen Klientinnen an die Hand gebe.

 Unter dem Link https://www.ellenlutum.de/downloads kannst du dich einloggen und die entsprechenden Arbeitsblätter herunterladen. Benutzername und Passwort findest du auf Seite 208 am Ende des Buches im Kapitel „Zugangsdaten Downloadbereich"

Dieses Buch darf dir dienen auf deinem Weg zu dir selbst und zu mehr Glück und Leichtigkeit. Alles, was ich dir weitergebe, habe ich selbst erlernt, praktiziere es und arbeite seit einigen Jahren erfolgreich damit. Dieses Wissen weiterzugeben ist mir eine große Freude. Lange Zeit war ich selbst nicht davon überzeugt, dass die teilweise leichten und einfachen Tricks und Tipps wirklich helfen. Doch zu meiner Überraschung und auch zur Überraschung meiner Klient*innen funktioniert es. Die einzige Hürde war ich selbst, weil ich mich schwergetan habe, diese Einfachheit zuzulassen.

Wenn du diesen Weg gehen willst, freue ich mich, wenn ich dich ein Stück dabei begleiten darf.

Ach ja, vielleicht wunderst du dich, dass ich dich duze. Ich möchte damit keineswegs respektlos erscheinen. Ich habe mir beim Schreiben einfach vorgestellt, ich spreche zu einer guten Freundin. Und da funktioniert kein Sie. Ich hoffe, dass das für dich in Ordnung ist.

Und noch etwas: Dieses Buch ist als Anregung gedacht. Es ist kein festgeschriebenes Gesetz. Nimm für dich raus, was für dich gut funktioniert. Bau für dich die Dinge um, die gut funktionieren.
Fühl dich frei.
Fühl dich getragen.
Fühl dich inspiriert.
Das alleine ist meine Intention.

Deine Ellen

Jeder Aufbruch braucht ein Ziel

Wir beginnen unsere gemeinsame Reise mit einer schweren und tiefgehenden Frage, die gleichzeitig auch die wichtigste ist: Wer bist du und wer willst du sein? Kannst du dir vorstellen, warum diese Frage so wichtig ist? Vielleicht denkst du jetzt: Ich bin Regine, 43 Jahre alt, verheiratet, zwei Kinder. Ich bin Arzthelferin und spiele gerne Tennis. Ich möchte dich einladen zu überlegen:

- Was für eine Person steht hinter diesen Worten?
- Wer bist du wirklich?
- Was macht dich aus?
- Was sind deine Stärken?
- Was sind deine Wünsche?
- Welche unterschiedlichen Facetten hast du?

Oft ist es so, dass wir nur wenig über unsere eigene Vielfalt wissen. Wir kennen Anteile von uns. Manche finden wir gut, andere eher weniger. Und dabei belassen wir es dann häufig. Doch es ist so wichtig, dass wir uns mit unseren Wünschen, unseren Anteilen und mit dem, was wir wollen, beschäftigen. Lass es mich anhand eines Beispiels erklären: Stell dir dein Leben wie ein Schiff auf dem Ozean vor.

Auf diesem Schiff gibt es nur eine einzige Person, die viele Aufgaben hat: Sie ist gleichzeitig Steuermann, Erster Offizier, Kapitän und Schiffsjunge. Man berechnet den Kurs, steuert dann entsprechend das Steuerrad. Es werden die Segel gesetzt oder der Motor gestartet. Immer wieder müssen Entscheidung getroffen werden: mit voller Kraft zu fahren oder mit gedrosseltem Motor. Vielleicht treibt das Schiff auch einfach nur im Rhythmus der Wellen dahin.
Jetzt stell dir einmal vor, deine Gedanken bestimmen den Kurs. Jeden Tag. Jede Stunde. Jede Minute. Jede Sekunde. Dieser Kurs ist in 60 Billionen Zellen gespeichert.

Bewusstes und unbewusstes Denken

Die Forschung hat herausgefunden, dass wir am Tag zwischen 60.000 und 80.00 Gedanken denken. Davon sind durchschnittlich 70 Prozent flüchtige, nebensächliche Gedanken, 27 Prozent negative, destruktive Gedanken und drei Prozent positive, aufbauende, kreative Gedanken. (manifestation-boost, 2017)

Wenn wir so viele Gedanken *bewusst* denken würden, würde es sehr schnell zum totalen Kollaps kommen. Deshalb hat sich unser System etwas ziemlich Tolles einfallen lassen: Der allergrößte Anteil dieser Gedanken läuft unbewusst ab. Wenn wir das in Prozenten aufteilen, sieht das ungefähr so aus: 96 bis 98 Prozent aller Gedanken laufen unbewusst ab und nur zwei bis vier Prozent bewusst.

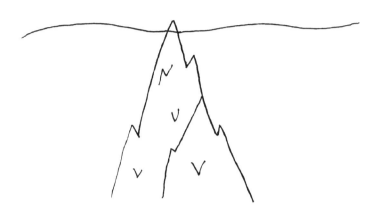

Du kannst dir dein Denken also wie einen Eisberg vorstellen: zwei bis vier Prozent liegen über der Wasseroberfläche. Der größte Anteil, also das Unbewusste, liegt darunter. Als ich das erste Mal diese Zahlen gehört habe, war ich sehr erstaunt. Es kam mir vor, als würde sich auf einmal etwas in mir lösen. „Es" erklären. Vielleicht kennst du das auch? Man nimmt sich etwas vor. Zum Beispiel abnehmen oder mehr Sport machen oder vielleicht auch, mit dem Rauchen aufzuhören. Mit absolut felsenfester Überzeugung startet man. Zwei bis vier Prozent entscheiden: Ich nehme ab. Und dann geht es los. Man kauft die gesunden Lebensmittel. Alles „Ungesunde" wird verbannt. Tag eins läuft großartig. Das Essen schmeckt. Klar, es ist etwas aufwändiger zu kochen, aber was soll's. Die Jogging- oder Walkingschuhe stehen bereit. Und los geht's. Tag zwei läuft auch noch super. Das Essen ist ja ganz einfach. Es macht so viel Spaß und die Motivation ist bombastisch. Tag drei: So ein kleiner Kinderriegel kann ja nicht schaden. Den läuft man sich ja ganz schnell wieder ab. Ach, laufen bei dem Wetter? Nee, das geht auch morgen. Tag vier: Stress in der Firma! Die Kinder müssen gefahren werden. Dann kommt auch noch spontan eine Freundin vorbei. O je. Frisch zu kochen passt zeitlich gar nicht mehr. Heute muss es ratzfatz gehen. Laufen? Sport? Nach dem Tag? Man ist froh, wenn man endlich auf der Couch liegt und der Tag vorbei ist.

Und so sehr wir versuchen, gegen die alten Gewohnheiten anzukämpfen und neue zu etablieren – es will einfach nicht klappen. Eine unsichtbare Macht führt uns zu den Süßigkeiten und ohne dass wir es wirklich bemerken, steckt der nächste Schokoriegel schon im Mund. „Huch, wie ist der denn dahin gekommen?"

Und ehe man sich's versieht, sind die ehrgeizigen Pläne hinüber und das Unbewusste hat gesiegt. Zurück bleiben Enttäuschung und der Gedanke, nicht genügend Disziplin und Durchhaltevermögen aufgebracht zu haben. Doch dem ist nicht so. Der Grund ist vielmehr: Wenn unser Bewusstsein sich entscheidet etwas zu tun, heißt das noch lange nicht, dass das Unterbewusstsein damit einverstanden ist. Sondern ganz im Gegenteil.

Im Unterbewussten sind Prägungen, Erfahrungen und Verletzungen abgespeichert. Wenn man sich einmal an der Herdplatte verbrannt hat, weiß es: Da ist es heiß, pack da nicht hin. Wir müssen darüber nicht mehr nachdenken. Das Unterbewusste möchte uns beschützen und unser Leben vereinfachen. So kommt es, dass man über die Dinge, die man täglich tut, einfach nicht so viel nachdenkt.

Ein sehr einfaches Beispiel dafür ist das Autofahren. Kannst du dich an deine erste Fahrstunde erinnern? Ich mich schon.

Ich habe das Auto ständig abgewürgt. Schalten war eine totale Anstrengung. Bei wie viel km/h in welchem Gang? Über alles musste ich nachdenken. Aber irgendwann war es dann völlig normal. Ich denke heute nicht mehr über das Schalten nach. Es ist ein Automatismus entstanden.
Die Krux an diesem Automatismus ist leider, dass es unser Unterbewusstsein sehr gerne sehr einfach mag. Es vermeidet Situationen, in denen es unbequem wird. So kommt es, dass viele Menschen ein vorprogrammiertes Leben führen. Sie sind unbewusst gefangen im Alltagstrott.
Doch ist das gemütliche und auf Autopilot stehende Leben das, was sie wollen? Ich denke nicht. Woher käme sonst die große Unzufriedenheit, die uns überall begegnet?
Vielleicht sagst du jetzt: „Ach, Ellen nun übertreibe nicht. Ich führe doch kein Leben auf Autopilot!"
Bist du dir sicher? Wie läuft denn dein Tag ab? Du machst die Dinge, wie du sie immer machst? Schlafen, aufwachen, Zähne putzen, waschen, Frühstück machen, Kinder wecken, Haushalt, arbeiten gehen, Essen kochen, Freundinnen treffen, mit dem Partner zusammen sein, Abendessen, Kinder ins Bett bringen, Fernsehen, ins Bett gehen, vielleicht Sex haben. Und am nächsten Tag geht dasselbe von vorne los. Ab und zu bist du im Urlaub. Doch statt in die Erholung zu kommen, machst du dort dieselben Dinge, jeden Tag – nur an einem anderen Ort.

Den Autopilot verlassen und neue Wege gehen

Gewohntes anders tun

Versuche einmal eine Woche lang, dir die Zähne mit der nicht dominanten Hand zu putzen. Das heißt: Wenn du Rechtshänderin bist, putze mit links. Wenn du Linkshänderin bist, mit rechts. Du wirst sehr schnell merken, dass die Zahnbürste rasch wieder in die gewohnte Hand wandern will.
Oder fahre einen anderen Weg zur Arbeit. Wie gut geht das?

Probiere Dinge aus, die du sonst nicht tust. Gehe weg von den gewohnten Pfaden.

Die gewohnten Pfade verlassen und neue Wege gehen – das ist ganz schön schwer. Lohnt sich so viel Anstrengung überhaupt? Diese Entscheidung kannst nur du treffen. Vielleicht können dich meine Erfahrungen ermutigen. Mich aus meinem Automatismus zu befreien und mir mein unbewusstes Verhalten bewusst zu machen, hat mein Leben wieder interessant gemacht. Nein, das ist völlig untertrieben. Mein Leben ist dadurch völlig ekstatisch geworden. Und meine Klientinnen berichten genau das Gleiche.

Ich bin examinierte Krankenschwester. Bevor ich mich entschlossen habe, weiter zu lernen und ein Fernstudium zu machen, habe ich im Krankenhaus auf einer Palliativstation gearbeitet, also mit Menschen, für die es keine Heilung mehr gab. Es war eine sehr berührende und lehrreiche Zeit. Und eine Zeit, die mich sehr demütig gemacht hat.
Weißt du, was sterbende Menschen am meisten bereuen? Nicht etwa ihre Fehltritte oder die Dinge, die sie falsch gemacht haben. (Wenn es so etwas überhaupt gibt.) Sie bereuen die Dinge, die sie *nicht* getan haben. Sie bereuen, dass sie so lange gewartet haben.

In jedem meiner Vorträge, in jedem ersten Coachinggespräch frage ich meine Klient*innen: „Worauf wartest du noch? Du stirbst – beginne zu leben."
Wenn ich mich umschaue und umhöre, leben so viele – und besonders Frauen – auf Autopilot. Man könnte den Eindruck bekommen, sie hätten noch ein zweites Leben irgendwo geparkt, gewissermaßen als Reserve. Damit man sich im ersten Leben vorsichtig herantasten kann. Lieber am Beckenrand entlang schwimmen, nicht zu weit raus. Erst wenn man sich sicher ist, wird richtig losgelegt. Der richtige Zeitpunkt? Kommt schon noch.

Wie sieht es bei dir aus? Worauf wartest du? Lebst du schon deine wahre Größe und traust dich, ins Leben einzutauchen? Oder bleibst du lieber am Beckenrand, weil du dich mit dem sicheren Rand in der Nähe besser fühlst? Lebst du jeden Tag deine eigene innere Wahrheit? Kennst du Sie überhaupt – oder hast du einfach vergessen, was oder wie diese ist und lautet? Spürst du den Wunsch und das Verlangen nach mehr? Nach mehr Leben? Nach mehr Liebe? Nach mehr Freiheit? Dann ist es an der Zeit, eine Entscheidung zu treffen.

 Denn schon Albert Einstein sagte: *„Jeden Tag dasselbe zu tun und auf andere Ergebnisse zu hoffen, ist eine Form von Wahnsinn."*

Hast du richtig Bock, das Steuer deines Lebens wieder in die Hand zu nehmen? Bist du bereit, die Verantwortung für dein Leben zu übernehmen und dich frei zu machen vom Jammern und Meckern? Abstand zu nehmen von Schuldzuweisungen und der Suche nach jemandem, der die Verantwortung übernimmt?

 Dann lade ich dich jetzt ein, einen Vertrag mit dir selbst abzuschließen. Du kannst ihn im Downloadbereich ausdrucken oder hier aus dem Buch kopieren oder abschreiben.

Lies dir gut durch, was du hier unterschreibst. Nimm dir Zeit und lies die Sätze laut vor. Wenn es für dich passt, unterschreibe den Vertrag mit dir selbst. Wenn du ihn in vollem Bewusstsein unterschreibst, gibst du damit die Richtung für dein neues Leben voller Leichtigkeit, Gelassenheit und Freude vor.

Ein Vertrag mit mir selbst

Ich, _____,
verspreche mir selbst mit meiner Unterschrift,
dass ich vom (heutiges Datum) _____ an
alles tun werde, um mein Ziel, ein erfülltes Leben zu leben,
zu erreichen.

Ich werde Abstand nehmen von

- Ausreden
- perfektionistischem Verhalten
- selbstzerstörerischen Gedanken
- vom Einnehmen der Opferrolle
- der Vernachlässigung meiner Bedürfnisse

Ich verdiene es, ein Leben voller Lebensfreude und Leichtigkeit zu führen und mich wieder als Frau zu fühlen. Ich verdiene es, für mein Wohlergehen zu sorgen und mich selbst so zu akzeptieren und zu schätzen, wie ich bin.

Dafür bin ich bereit, Folgendes zu tun:

- Meine Überzeugungen und Verhaltensweisen so zu ändern, dass sie mir und anderen dienlich sind.
- Meine Veränderung mit Freude und Spaß anzugehen und auch in schwierigen Zeiten am Ball zu bleiben.
- Jeden Tag etwas für mich zu tun und meine Bedürfnisse wahrzunehmen.

- Bereit zu sein, auch mal „Nein" zu sagen und etwas nicht perfekt zu machen.
- Mich von Menschen zu distanzieren, die negativ für mich sind und mir ein schlechtes Gefühl geben.
- Niemals aufzugeben!

Zu meinem Wohle und dem Wohle meiner Mitmenschen.

_____

Unterschrift

Warum du diesen Vertrag unterschreiben solltest? Weil es eine ganz klare Absichtserklärung ist. Sie ist sehr machtvoll und sagt dem Unterbewusstsein: Ab jetzt weht hier ein anderer Wind. Und wenn der Moment kommt, wo das Leben wieder auf Autopilot zurück möchte, hat es schon eine gewisse Verbindlichkeit, wenn dieser Vertrag an deiner Wand hängt.

Weißt du, wer du wirklich bist?

Der Ist-Zustand

Um wirklich sagen zu können, wo du stehst und wie es bei dir aussieht, braucht es eine klare Analyse des Ist-Zustands.
Schau dir die hier abgebildete Grafik in Ruhe an und fülle sie aus, nachdem du die Anleitung dazu gelesen hast. Du

brauchst das niemandem zeigen. Es ist nur für dich. Aber unser Gehirn denkt nun mal vorzugsweise in Bildern. Und wenn du auf einem gemalten Lebensrad siehst, wo es hakt, hat das eine größere Wirkung auf dein Unbewusstes.

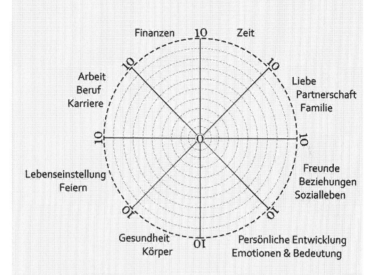

Nimm dir Zeit, die Grafik genau anzuschauen. Setze dich an einen ruhigen Ort und spüre in dich hinein.
Atme tief ein und aus. Vielleicht möchtest du deine Hände auf dein Herz legen. Fühle, wie dein Herz für dich schlägt. Fühle, wie du dich immer mehr mit dir verbindest.
Wie du immer mehr zu dir findest.

Wenn du dir die Fragen durchliest, folge dem ersten Impuls, der kommt. Höre auf dein Herz. Tief in dir weißt du die Antworten. Und sie sind absolut richtig.

- In welchem Bereich bist du unzufrieden?
- Ist es deine Partnerschaft?

- Ist es dein Job?
- Ist es die Familiensituation?
- Ist es deine finanzielle Situation?
- Sind es deine Hobbys?
- Deine häusliche Situation?

Schau auf dein Leben, ohne es zu beschönigen oder mieszureden. Einfach so, wie es ist. Um nichts anderes geht es.
Und dann trage bei jedem Bereich ein, wo auf der Skala zwischen null und zehn du dich befindest. Null bedeutet: total unzufrieden. Zehn bedeutet: besser geht's nicht.

Wenn du dein Rad des Lebens ausgefüllt hast, siehst du genau, wo es hakt. Das ist der erste Schritt zur Veränderung, denn du kannst nur etwas ändern, wenn du weißt, wo es notwendig ist.
Diese Ist-Analyse ist so wichtig, weil du damit an den richtigen Schrauben drehen kannst.
Weil du jetzt die Verantwortung übernehmen kannst, in den Bereichen, in denen es für dich nicht stimmt, genau hinzuschauen und zu handeln (Lindau, 2019)

Schöpferin des eigenen Lebens werden

Du trägst doch schon so viel Verantwortung? Und oft kannst du an den Situationen gar nichts ändern? Und jetzt komme ich daher und sage, du müsstest noch mehr Verantwortung übernehmen.
Wie oft passiert es, dass wir den Umständen die Verantwortung für unser Wohlergehen übertragen?
Der Arbeit, den Kindern, dem Mann, dem Wetter, dem Auto ... was weiß ich.

Weil der Chef sich so verhält, wie er sich nun mal verhält, geht es einem nicht gut ... Weil die Kinder keine Grenzen einhalten, kann man sich nicht um sich selbst kümmern ... Weil es regnet, kann man nicht laufen gehen oder was Schönes unternehmen ... Wir leben in einem der reichsten Länder der Welt. Es ist alles da, was wir brauchen. Und dennoch sind so viele Menschen unzufrieden. Es ist in unserer Gesellschaft durchaus üblich, die Verantwortung für das eigene Wohlergehen abzugeben und sich in die Rolle des Opfers zu flüchten. Ich kann ja nichts dafür, dass es so ist, weil ... Doch das stimmt nicht, denn Umstände haben keinen Einfluss auf unsere Gefühle. Wir sind alle Schöpferinnen und Schöpfer unseres Lebens. Jede und jeder von uns.

Die Vorstellung, dass man überfordert wäre, würde man auch noch die Verantwortung für das eigene Wohlergehen übernehmen, wird vom Ego geschickt. Es gibt keine Überforderung. Jede*r trägt das, was sie*er zu tragen bereit ist. Ja, vielleicht kann es sein, dass das Leben dir viel zu tragen gibt. Warum das so ist, kann ich dir nicht beantworten. Doch es ist nun mal da. Du darfst schimpfen. Du darfst auch meckern. Glaube mir, das tue ich auch noch gelegentlich. Und dann stehst du wieder auf und tust die Dinge, die nötig sind. Es wird nicht so sein, dass sich die Dinge auf einmal wie von Zauberhand ändern. Dass Leichtigkeit in dein Leben kommt, liegt vielmehr daran, wie sehr du bereit bist, dir Einfachheit zu erlauben und es zu tun. Du hast die Wahl. Egal, für was du dich entscheidest, es wird genauso passieren. Wenn du dich dafür entscheidest, dass du es dir leicht machst, wirst du es genauso erleben. Leicht und einfach.

Doch Vorsicht: Sich für Leichtigkeit zu entscheiden, ist nicht zu verwechseln mit dem Versprechen, dass es ein Glitzerpulver gibt, gewissermaßen ein Zaubermittel, das du einfach über dein Leben streust, und alles ändert sich über Nacht von ganz von alleine.
So war es bei mir nicht und bei meinen Klientinnen ist das natürlich auch nicht so. Aber ich kann dir versprechen: Wenn du wieder das Steuer deines Lebens in die Hand nimmst, löst du die Blockaden und Hindernisse auf, die dich klein halten. Und du wirst das Leben führen, von dem du geträumt hast.
Erlaubst du dir überhaupt noch zu träumen? Einfach auf einer Schaukel sitzen oder auf der Wiese liegen und träumen. Manchmal auch mitten in einer Tätigkeit, wie essen oder Tisch decken. Als wir noch Kinder waren, gab es das öfter: Tagträumereien. Dann hörten wir von den Erwachsenen, dass wir aufhören sollen zu träumen. Das wir besser mit beiden Beinen auf der Erde bleiben sollen, statt in der Gegend rumzuschauen.
Heute lade ich dich ein, wieder zu träumen und zu hören, wonach deine Seele schreit. Das geht sehr gut in der Entspannung oder Meditation. Indem du wieder Verbindung zu dir aufnimmst, kannst du hören oder sehen, wovon du träumst.

Das Vision Board

Ich möchte, dass du dir ein Vision Board baust. Auch diese Übung ist sehr mächtig, denn damit gibst du deinen Träumen einen Raum.

Kaufe dir einen großen Keilrahmen oder ein anderes großes Stück Leinwand. Ich habe Tapetenrollen genommen und aneinandergeklebt. Dann suchst du in Zeitschriften oder dem Internet Fotos und Bilder, die das ausdrücken, was du dir erträumst. Du nimmst dir dein Rad des Lebens zur Hilfe. Dein Vision Board umfasst alle Bereiche deines Lebens.

- In welchem Haus oder in welcher Wohnung möchtest du wohnen?
- Wie sehen die Räume darin aus?
- Wie ist der Partner an deiner Seite?
- Was macht eure Beziehung aus?
- Wie ist eure Beziehung?
- Was ist mit deinen Kindern?
- Wie siehst du euch in der Zukunft?
- Was ist dir wichtig?
- Was ist mit deinen Finanzen? Welches Einkommen hast du?
- Welchen Beruf übst du aus?
- Welches Auto fährst du?
- Welchen Urlaub machst du?
- Welche Länder bereist du?

Klebe aus den Fotos, die du dir ausgesucht hast, eine Collage, die deine Wünsche und Träume abbildet. Lass deiner Fantasie freien Lauf und nimm dir Zeit, dein ganz eigenes Vision Board zu gestalten.

Viele haben ihre Wünsche und das, wovon sie wirklich träumen, tief in sich begraben. Darüber liegen Prägungen, Glaubenssätzen, Widerstand. Was auch kommen kann, ist die

Frage nach dem *Wie*. Wie soll das denn gehen? Es können Zweifel kommen, dass ein paar Bilder auf einer Leinwand doch nicht dein Leben verändern. Aber die entscheidende Frage ist immer die nach dem *Was* und nicht nach dem Wie.

Mein Vision Board hängt über meinem Bett. Bevor ich einschlafe und direkt, wenn ich aufwache, schaue ich es mir an. Denn das ist die Zeit, in der unser Unterbewusstsein sehr aktiv ist. Diese Zeit nutze ich für mich und bringe mich schon früh am Morgen wieder auf Kurs.
Das ist wie meine persönliche Programmierung. Eine sehr schöne noch dazu. Welche Gefühle tauchen bei den Bildern auf? Und ich spüre sie. Ich spüre einen Zustand, noch bevor er eingetreten ist.
So ist dieses Buch entstanden. Ich habe mich so oft mit dem fertig gedruckten Buch gespürt. So ist es. Ich kann es fühlen. Und dann ist es Realität.
Am Abend schlafe ich mit den Gedanken an das, was ich wirklich will, wieder ein. So kann mein Unterbewusstsein in der Nacht meine Gedanken abspeichern.

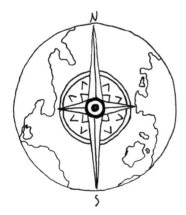

Wie willst du denn Kurs aufnehmen, wenn du gar nicht weißt, wohin? Wenn du gar nicht weißt, was du willst?

Ausbrechen aus alten Mustern – die Macht der Positiven Psychologie

Es gibt Menschen, die z.B. mit ihrem Beruf völlig unzufrieden sind. Sie meckern über den Chef, die Kollegen, die Arbeit. Sie gehen jeden Tag mit Bauchweh zur Arbeit. Diese Unzufriedenheit ist überall zu spüren. Sie zieht sich wie ein roter Faden durch ihr Leben. Sie schimpfen auf alles und jeden. Eine Lösung sehen sie ausschließlich in der Kündigung. Dann wechseln sie den Job. Am Anfang ist alles super. Die Euphorie ist grenzenlos. Und nach und nach passiert es wieder: Der Chef ist doof, die Kollegen und die Arbeit … Irgendwann kommen sie wieder an den Punkt, an dem alles „scheiße" ist – und alles fängt von vorne an. (Den Begriff „Beruf" kann man übrigens beliebig austauschen: Partner, Eltern, Freunde …) Kennst du das? Dieses sich ständig wiederholende Verhalten nennt man Muster. Aber wie lassen sich solche Muster durchbrechen?

Das Unterbewusstsein hört sehr gut zu. Diese Macht der Worte ist uns oft gar nicht bewusst. Doch jeder Satz, der gesprochen wird, jeder Gedanke, der gedacht wird, hat Einfluss auf unser Unterbewusstsein und dann auch auf uns. Wie redest du? Wie denkst du? Kannst du spontan 50 tolle Dinge an dir aufzählen? Sowohl körperliche Attribute als auch Eigenschaften? Das ist eine ganz schön schwierige Aufgabe.

Aber die meisten können sehr genau sagen, was sie alles *nicht* gut an sich finden. Ich bin nicht schlank. Ich bin nicht schön. Ich mag meine Haare nicht. Ich kann nicht mit Geld umgehen. Und das läuft 60.000 Mal in den Gedanken ab. So beschäftigt sich das Unterbewusstsein genau mit dem, was man *nicht* will. Dies zu erkennen und zu verändern, ist ein wichtiger Schritt, um die eigenen Muster zu durchbrechen.

Dieser Effekt ist der Positiven Psychologie, einem eher neueren Zweig der Psychologie, gut bekannt. Der US-amerikanische Psychologe Martin Seligman lernte eine einfache, aber sehr effektive Lektion. Wo sonst der Blick auf die Schwächen fällt, richtet sich der Fokus in der Positiven Psychologie auf die persönlichen Stärken. Jeder Mensch hat viel mehr Stärken, als er glaubt. Denn weil der Blick immer wieder auf das Negative fällt, sehen die meisten Menschen ihre Stärken nicht. Sie werden von den negativen Eigenschaften überdeckt.

Macht man sich allerdings auf die Suche nach seinen Stärken, kann man diese effektiv für sich einsetzen. Es ist so einfach. Viel weniger das Unglück sehen, sondern öfter das Glück.

„Wenn wir uns Zeit nehmen, um die Dinge zu bemerken, die richtig laufen, dann heißt das, dass wir während eines Tages viele kleine Belohnungen erhalten", sagt Martin Seligman (Junge, 2020). Wie oft belohnst du dich am Tag? Das, was du leistest, gilt als selbstverständlich. Kaum einer feiert sich. Das „Normal" feiern, das ist doch anmaßend. Das ist doch bei anderen auch „normal". Das ist doch alles nichts Besonderes. Genau das verändert die Positive Psychologie. Der Fokus wird auf das gelegt, was man richtig gut kann.

Das Gute benennen

Kaufe dir ein Notizbuch oder ein Journal. Darin schreibst du dir eine Woche lang deine größten Erfolge auf. Dann schreibst du dir eine Woche lang jeden Tag deine eigenen Stärken auf. Die Dinge, worin du richtig gut bist. Und schließlich eine Woche lang jeden Tag drei Situationen, in denen dir Gutes widerfahren ist.
Das verändert deinen Blickwinkel.

Um noch deutlicher zu machen, welche Wirkung unsere Perspektive haben kann, erzähle ich dir eine Begebenheit, von der die Psychologin Fredrike P. Banning berichtete (Bannink, 2012):
In einem kleinen Krankenhaus lag ein Mann im Sterben. Die Mediziner konnten die Krankheitsursache nicht finden. Glücklicherweise erwartete man gerade einen renommierten Diagnostiker. Die Ärzte erklärten dem Patienten, dass es Heilungschancen gäbe, falls dieser berühmte Kollege die Diagnose stellen könnte. Als der Arzt eintraf, war der Mann fast tot. An seine Kollegen gerichtet, sagte er „Moribundus" (lateinisch für „Sterbender") und ging zum nächsten Patienten weiter.
Einige Jahre später gelang es dem Mann (der kein Wort Latein sprach), den Arzt ausfindig zu machen. Er hatte jede Prognose zu seinem Leiden überlebt und er sagte zu dem

Arzt: „Ich möchte mich bei Ihnen bedanken. Die Ärzte erklärten mir, dass es mir besser gehen würde, wenn sie eine Diagnose stellen könnten. Und genau so ist es gekommen."

Das Manifestieren oder: hoffnungsvoll denken

Jetzt geht es darum, dein Denken nachhaltig zu verändern. Wie man das macht? Mit dem Manifestieren. Ich manifestiere jeden Tag. Mit jedem Satz, mit jedem Wort manifestierst du.

Möglichkeiten denken und fühlen

Nimm dir das Notizbuch, in das du schon deine Stärken aufgeschrieben hast. Schreibe jetzt jeden Tag die Dinge auf, die du in deinem Leben haben möchtest. Versuche, Möglichkeiten zu denken! Damit bringst du dein Denken bewusst in die Richtung, die du möchtest. Das, was du in deinem Leben möchtest, schreibst du auf. Und du fühlst es.
Gehe ganz hinein: Wie würde es sich anfühlen, wenn ich es schon hätte?

Im Downloadbereich findest du dafür eine Liste konkreter Vorschläge. Beispielsweise:

- Ich und meine Lieben sind gesund.
- Es ist Friede auf der Welt.
- Ich bin eine gute Mutter und eine erfolgreiche Geschäftsfrau.
- Ich führe eine gleichberechtigte Partnerschaft auf Augenhöhe.

Lass deiner Kreativität freien Lauf und trau dich, groß zu denken.

Wie ich schon sagte, es gab eine Zeit in unserem Leben, da haben wir alle groß geträumt. Und dann haben wir dem Geplapper der Erwachsenen zugehört. Dass dies oder jenes nicht geht oder dass auch vieles nicht möglich wäre. Ich möchte hier weder Eltern noch Großeltern die Schuld für irgendwas zuschieben. Aber ehrlich: Diese Einwände sind einfach nicht wahr.

Auch das Beispiel der Diät ist hier sehr passend. Womit beschäftigt man sich? Vermutlich mit dem Gedanken, nicht noch dicker zu werden. Oder mit der Angst zuzunehmen? Wieder sind das Gedanken über das, was man *nicht* möchte. Macht man eine Diät, sieht man auf einmal überall Schokoriegel oder Fast Food.

Beschäftige dich doch mal mit deinem Wunschgewicht. Was möchtest du denn wiegen? Wie möchtest du dich dabei ernähren? Was möchtest du deinem Körper Gutes tun?

Kennst du diese Leute, die sagen: „Ich brauche die Torte nur anzusehen und schon habe ich sie ein Leben lang auf der Hüfte?" Und dann gibt es diese Leute: „Ich kann essen, was ich will – ich habe immer mein ideales Gewicht." Unser Unterbewusstsein hört sehr gut hin, wenn man diese Worte spricht. Und wenn man diese Worte denkt. Deshalb ist es so wichtig, die eigenen Worte und die Gedanken zu verändern. Den Fokus auf das zu richten, was du möchtest. Auf das, was du kannst.

Gedanken werden zur Realität
Machen wir beide jetzt mal einen kurzen Ausflug in die Neurobiologie – während meiner Ausbildung eins meiner eher weniger geliebten Fächer. Ich bin wirklich keine Expertin in diesem Gebiet, deshalb verzeihe mir meine laienhafte Erklärung. Aber die Zusammenhänge sind wichtig, um wirklich zu verstehen, warum es so bedeutsam ist, dein Denken zu ändern.
Ich beschreibe dir jetzt einen fiktiven Tagesablauf:
Stell dir vor, du wachst am Morgen auf. Der Wecker hat dich geweckt. Während du so im Bett liegst, denkst du darüber nach, was der Tag dir bringt. Du hast so viel zu tun. Im Haus ist einiges liegen geblieben. Du musst die Wäsche endlich wegbügeln. Was sollst du bloß heute wieder kochen? Gleich musst du die Kinder wecken. Die sind bestimmt wieder kaum aus dem Bett zu bekommen. Und um die Finanzen musst du dich auch noch kümmern. Das sieht alles andere als rosig aus. So viele unerwartete Ausgaben. Mann, und dann musst du zur Arbeit. Und wieder diese nervigen Kunden, die einfach nicht verstehen, dass du wirklich dein Bestes gibst. Sie sind nie zufrieden. Eigentlich würdest du dir total gerne die Decke über den Kopf ziehen und einfach liegen bleiben. Scheiße!

Jetzt hast du wertvolle Zeit vertrödelt mit deinen Gedanken – die führen doch ohnehin zu nichts! Beim Aufstehen stößt du dir so heftig den kleinen Zeh an, dass es dir Tränen in die Augen treibt. Fuck! Du humpelst ins Bad. Das sieht hier aus – überall liegen die Klamotten der Kinder rum. Ist klar, du bist wiedermal der Depp vom Dienst und kannst alles alleine wegräumen. Unter der Dusche stellst du fest, dass das Wasser nicht richtig warm werden will. Dein Shampoo ist leer. Mann, was ist denn heute nur los!? Du merkst, dass du spät dran bist. Also weckst du im Eiltempo die Kinder. Doch das klappt überhaupt nicht. Sie kommen nicht aus den Federn und du jagst wie eine Irre in dein Zimmer – willst dich anziehen. Verdammt! Du passt kaum noch in die Jeans und das Oberteil spannt überall. Mist. Plan B. Dann eben das nicht so schöne Outfit. Du fühlst dich damit zwar unwohl, aber was soll's.

Mittlerweile sind die Kinder aufgestanden. Murrend und maulend ziehen sie sich mehr oder weniger selbstständig an. Du flitzt nach unten in die Küche. Dein Mann steht gut gelaunt an der Arbeitsplatte und bereitet die Schulbrote vor. Du blickst von deinem Mann auf die Spülmaschine, die noch ausgeräumt werden muss. Während du das tust, und du merkst, wie knapp die Zeit schon wieder ist, kommt dein Kind in die Küche. Es möchte gerne Müsli essen – und sich selber auftun. Beim Eingießen der Milch rutscht die Schüssel weg und die Milch ergießt sich über den Tisch, den Boden, das Kind. Was denkst du: Wie wirst du reagieren?

Das war der Morgen Nummer eins. Jetzt beschreibe ich dir den Morgen Nummer zwei.

Geh an den Moment, wo dein Wecker klingelt. Du wirst wach und blickst auf dein Vision Board. Ja, deine Ziele werden immer konkreter. Ja, du beginnst den Tag voller Dankbarkeit und konzentrierst dich auf das, was du gut kannst. Dass du wach geworden bist. Dass du ein Dach über dem Kopf hast. Dass du gesund bist. Dass du gleich gesunde Kinder wecken darfst.
Du schwingst deine Beine aus dem Bett und mit jedem Schritt denkst du: DANKE, DANKE, DANKE.
Dein Weg führt dich ins Bad. Du schmunzelst ein wenig. Deine Kinder sind wie du damals: Ordnung fandest du nicht so wichtig, was deine Mutter oft zur Verzweiflung gebracht hat. Du möchtest es anders tun. Du wirst am Nachmittag mit deinen Kindern das Badezimmer aufräumen. Ihnen zeigen, wie es geht.
Huch, das Wasser unter der Dusche wird gar nicht richtig warm! Macht nichts. So wirst du schneller munter und sparst auch noch Zeit beim Duschen. Was ein Glück, dass du Töchter hast, die haben noch Shampoo. Deins ist leer, aber es ist ja noch genug von den anderen da. Du trocknest dich schnell

ab und schleichst dich in die Kinderzimmer. Mit sanften Küssen und Kuscheln werden die Mäuse heute früh nicht wach ... vielleicht hilft ja gute Musik. Und siehe da: Bei der Dschungelbuch-Playlist stehen alle tanzend in ihrem Zimmer und ziehen sich an. Das machst du auch. Ein prüfender Blick vor dem Spiegel. DANKE, mein lieber und wundervoller Körper. Danke für das, was du jeden Tag für mich tust. Du siehst großartig aus. Also kleidest du dich der Situation angemessen und nicht, wie du es gerne hättest. Du ziehst eins deiner Lieblingskleider an – supervorteilhaft geschnitten und sexy zugleich.

Als du in der Küche ankommst, freust du dich: Dein Mann hat schon angefangen, die Brote vorzubereiten. Du gehst ihm zur Hand und deckst den Tisch. Die Musik lässt euch dabei tanzen. Ja, die Spülmaschine darf noch ausgeräumt werden, doch das könnt ihr nach dem Frühstück noch gemeinsam machen. Dein Kind kommt zur Tür herein und möchte gerne Müsli frühstücken. Und hey, es ist schon groß, das kann es alleine. Beim Einschenken der Milch rutscht die Müslischale zur Seite. Und Milch ergießt sich überall hin.
Was denkst du: Wie wirst du reagieren?

Ich gehe davon aus, im ersten Fall wärst du weniger gelassen und entspannt. Wie du dem Beispiel entnehmen kannst, hat sich an der Situation nichts geändert. Die Umstände sind alle gleich.
Im Alltag neigen wir Frauen dazu, den Umständen die Schuld für unsere Gefühlslage zu geben. Das ist fatal. Denn dadurch ist man in dem Gefühl, nichts ändern zu können. Man ist in einem Ohnmachtsgefühl gefangen. Doch wir sind keine Opfer von Umständen. Wir sind in keinster Weise ohnmächtig.

Indem du deine Einstellung und deine Gedanken änderst, ändert sich alles.
Ich habe weiter oben gesagt, deine Gedanken werden zur Realität. Anhand der beiden Beispiele kannst du erkennen, was ich meine. (Seiler, 2019)
Schau dir folgenden Kreislauf an:

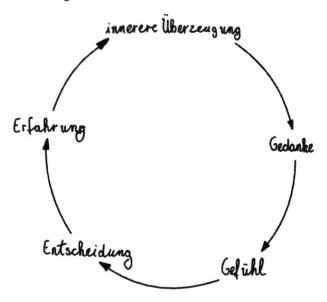

Es ist immer ein Kreislauf: Man trifft aufgrund seiner Gedanken und der daraus resultierenden Gefühle eine Entscheidung. Daraus erfolgt eine Erfahrung. Und diese prägt und nährt wieder die tiefen Überzeugungen.
Gehen wir noch einmal zu Beispiel Nummer eins. Eine Überzeugung könnte hier etwa sein: Ich muss alles alleine machen. Darauf folgen Gedanken über den Tag und wie viel zu tun ist. Ein Gefühl von Überforderung entsteht. Aus diesem Gefühl fällt man innerhalb von Sekunden eine Entscheidung, z.B. über die umgeschüttete Milch.

Am Ende der eigenen Kraft und tief verstrickt im Gefühl des Mangels ist es absolut nachvollziehbar, dass man recht angespannt reagiert und das Kind oder den Mann anschreit. Das Gefühl, alles alleine machen zu müssen, lässt einen sicherlich die Entscheidung treffen, dass man auch diese Milchsauerei alleine wegwischen muss. Und da hockt man in der Früh mit Eimer und Lappen unter dem Tisch und macht alleine sauber. Und das bestärkt die innere Überzeugung: Ich muss alles alleine machen.

Wenn du dir das zweite Beispiel anschaust, merkst du, dass das Unterbewusstsein ausgetrickst wurde.

Es spielt keine Rolle, mit welcher inneren Überzeugung man in den Tag startet, weil man direkt überspringt zu den Gefühlen. Die Gedanken und Gefühle ändern sich sofort, wenn man in das Gefühl der Dankbarkeit geht. Wenn du morgens aufwachst und dankbar bist, dass du lebst. Wenn du deine Beine aus dem Bett schwingst und aus tiefstem Herzen Danke sagst. Für alles, was du hast, und für alles, was da ist. Aufrichtig DANKBAR zu sein und es zu fühlen, verändert deine Energie.

Liebe und Dankbarkeit sind hoch energetisch. Die Gedanken kreisen dann nicht mehr um das „Wie soll das gehen?", sondern sind bei: „Jaaaa, das will ich!"

Es gibt sehr viele verschiedene Arten, die eigenen Gefühle zu verändern. Wenn es dir hilft, dein Haustier zu streicheln – tue es! Wenn es dir ein gutes Gefühl gibt, die Kinder beim Schlafen zu beobachten –

tue es! Wenn es dir ein gutes Gefühl gibt, morgens Verbindung zu dir aufzunehmen und zu meditieren – tue es! Die Gefühle und die Gedanken waren also im zweiten Beispiel auf Liebe und Dankbarkeit ausgerichtet. Dann kippt die Milch um. Was denkst du, wie die Reaktion hier ist? Ich bin mir sicher: Sie ist völlig anders. Vielleicht wird über das Missgeschick laut gelacht. Vielleicht fassen alle schnell mit an und wischen die Sauerei gemeinsam weg. Das Kind wird sicherlich nicht angefahren, dein Mann bestimmt auch nicht. Aufgrund dieser Entscheidungen, die du mit diesem guten Gefühl triffst, machst du die Erfahrung: Du bist nicht alleine. Ihr seid ein Team. Diese Erfahrung prägt nun eine neue innere Überzeugung bzw. ein neues unbewusstes Verhalten. Und da wir 96 bis 98 Prozent aus dem unbewussten Verhalten entscheiden, prägen wir damit eine neue Realität.

Ich hoffe, dass ich dir damit erklären konnte, was die Aussage, dass Gedanken zu Realität werden, beinhaltet. Die Situation ist absolut identisch – die Reaktionen darauf könnten unterschiedlicher nicht sein.

Ins Tun kommen

Auch wenn du es bestimmt schon oft versucht hast: Umstände kannst du nicht verändern. Du kannst bewusst deine Gefühle und Gedanken verändern. Und das funktioniert am besten, wenn du dir klar machst, was du wirklich willst. Dazu ist sind die Übungen und Denkanstöße, die ich hier aufgeschrieben habe, wirklich hilfreich. Wichtig dabei ist, dass du sie nicht nur liest, sondern auch wirklich umsetzt.

Die tiefe Sehnsucht deiner Seele

Stell dir jetzt die Frage: Wer bist du? Wer bist du wirklich?
Sinniere über die Antworten. Gehe tiefer.
Die ersten Antworten, die kommen, schreib auf. Doch gib dich damit nicht zufrieden.
Frag dich weiter. Wer bist du wirklich?
Du weißt, wer du in Wahrheit bist.
Das ist das tiefe Sehnen in dir.
Damit meine ich nicht ausschließlich deine Besitztümer.
Vertausche dieses Sehnen nach mehr nicht mit: Ich brauche mehr, zum Beispiel ein größeres Haus oder ein schnelleres Auto.
Welche tiefe Sehnsucht hat deine Seele?
Was verwehrst du dir mit dem Leben, so wie du es führst?
Wovor hast du Angst?

Ich hatte Angst, dass ich mein Sehnen nicht mit meiner Familie und meinem Mann vereinbaren könnte. Das es nur ein Entweder-oder gab. Das war der Grund, warum ich mir vieles nicht erlaubt habe. Und es war der Grund für meine tiefe Unzufriedenheit.

Kein Urlaub oder sonstiger Konsum konnte mich langfristig zufrieden stimmen. Lange Jahre habe ich genau das versucht. Und dann habe ich mir die Frage nach dem „Wer bist du?" gestellt.

Ich stand genauso vor der großen Herausforderung, das herauszufinden, wie du jetzt gerade. Als erstes kamen mir so Sachen wie:

- Ich bin verheiratet.
- Ich bin Mutter.
- Ich bin eine fröhliche und positive Frau.
- Ich bin eine gute Köchin.

Doch das kratzte nur an der Oberfläche. Die Wahrheit ist: Ich hatte meinen Kern, meine Seele lange nicht mehr gehört. Ich hatte keine Ahnung mehr davon, wonach ich mich sehne. Je tiefer ich mich gefragt habe und je mehr Zeit ich mir mit den Antworten gelassen habe, desto mehr kam da hoch. In Träumen oder in der Meditation. Beim Spazieren gehen in der Natur. Oder beim Autofahren.
Diese Frage war und ist allgegenwärtig.

Welche Auswirkungen es hat, sich dieser Frage zu stellen und die Antworten umzusetzen, will ich dir an meinem Beispiel schildern: Ich bin zu einer glücklichen Frau geworden – mit meinem Mann. Mit meiner Familie. Ich bin aus diesem Entweder-oder-Denken herausgekommen. Es ist alles möglich. Auch für mich. Gerade für mich. Genauso wie für dich.
Soll ich dir verraten, wonach sich meine Seele gesehnt hat?
Nach Freiheit.
Nach Leichtigkeit.
Nach Verrückt sein.
Nach Abenteuern.
Nach ekstatischer Liebe.
Ich bin seitdem in einem völlig anderen Denken. Für meine Familie war es am Anfang eine große Umstellung. Doch auch sie haben sich daran gewöhnt. Und noch besser, auch ihr Denken hat sich zum Positiven verändert. Ich hätte es nie für

möglich gehalten, dass meine Veränderung unsere gesamte Familie verändert und sich dadurch so viele Türen öffnen. Du kannst das auch: aus diesem Problemdenken herauskommen und dein Potenzial entfalten.
Es macht krank und unglücklich, wenn du es nicht tust.
Es ist dein Geburtsrecht, glücklich und erfolgreich zu sein. Was auch immer das für dich bedeutet.

Das Bonsaibäumchen
Schau dir einmal Bonsaibäumchen an. Es sind gewaltige Bäume, klein gehalten in einem winzigen Gefäß. Oft frage ich mich, was wäre, wenn der Bonsai wüsste, dass er zu einem riesigen Baum werden könnte, wenn er nur sein Gefäß verlassen würde.
Meinst du, er würde klein bleiben? Never ever. Wenn er es wüsste, dann würde er in der Erde wurzeln – ohne Begrenzung. Und er würde sich zu seiner vollen Größe entfalten. Denn für nichts anderes wurde er geboren.
Und so ist es doch auch mit uns. Sprenge deine Fesseln und deine beschränkenden Gefäße, wenn du dir die Frage stellst: Wer bin ich und wer will ich sein? Ich habe mich Ende 2018 mit meiner eigenen Sterblichkeit auseinandersetzen müssen. Es war furchtbar. Wer rechnet denn mit 38 damit, auf einmal zu hören, dass der Umstand, dass du noch lebst, reines Glück ist? Das war einschneidend und krass. Und ich dachte, nein, ich bin noch nicht soweit. Ich möchte noch so viel erleben, so viel sehen. Ich habe doch gerade erst meine Flügel ausgebreitet. Ich möchte noch fliegen ...
Das war ein elementarer Weckruf. „Wer bist du und wer willst du sein?"

Mir wurde klar, dass ich wertvolle Lebenszeit mit Menschen verbracht habe, die mir nicht gutgetan haben. Ich habe wertvolle Zeit damit vergeudet, mich über Dinge zu ärgern, die nicht zu ändern sind. Ich habe erkannt, wie wertvoll meine Zeit hier ist.

Ich wünsche dir, dass du ohne körperlichen Weckruf ins Tun kommst. Dass du startest. Dass dieses Buch nicht eines von vielen wird. Dass du die Verantwortung für deine Seele und für dein Sein übernimmst.

Also, meine Liebe:
Wer bist du?
Wer bist du wirklich?
Wer willst du sein?
Und lebst du das, was du sein willst?

Lass es zu.
Lass es gut werden.

Du bist die Liebe deines Lebens

Die Sache mit der Anerkennung

Wie wäre es, wenn du tiefe, ekstatische Liebe spürst? Wenn es kein Richtig oder Falsch gäbe? Wenn es in deinem Leben nur noch Wertschätzung, Liebe, Verständnis, Akzeptanz, Wohlwollen, Freude und Zuversicht gäbe? Wenn du glücklich wärst? Wenn du mit dir glücklich wärst und tiefe Verbundenheit mit dir spüren würdest?
Zu Beginn dieses Kapitels möchte ich dir gerne etwas sagen:

> Du bist großartig.
> Du bist wundervoll.
> Du bist wunderschön.
> Du gibst immer dein Bestes.
> Dein Bestes ist genug.
> Du bereicherst diese Welt durch dein Sein.
> Du bist schön.
> Du bist toll.
> Du bist so liebevoll.
> Du bist einzigartig.
> Du bist ein Wunder.

Damit ist „eigentlich" alles gesagt. Doch leider ist es nicht ganz so einfach. Fühlst du diese Worte und sind sie für dich wahr? Oder lächelst du und denkst dir: „Ellen, was für ein Schmarren!" Die Realität sehr vieler Frauen sieht leider so aus. Die wenigsten haben gelernt, sich gut um sich zu kümmern. In der Schule lernt man den Satz der Pythagoras, man lernt irgendwelche Jahreszahlen auswendig – aber wie man sich liebt, das wird einem nicht beigebracht.

Viele Frauen, die zu mir in die Praxis kommen, sind an einem Punkt in ihrem Leben, wo sie kaum mehr können. Von außen betrachtet schaut ihr Leben großartig aus. Doch kaum jemand ahnt, was hinter den Kulissen los ist: Sie sind verzweifelt, weil sie das Gefühl haben, alles falsch zu machen:

- Schuld, weil die Kinder nicht so „funktionieren", wie die Gesellschaft es erwartet
- Schuld, dass die Ehe zerrüttet ist
- Schuld, dass die Kinder sich nicht von der Mutter lösen
- Schuld, dass sie mit Haushalt, Beruf und Kindern überfordert sind
- Schuld, dass sie einfach nichts hinbekommen
- Schuld, dass sie zu dick sind.

Und dann sitzt diese Frau vor mir und ich sage genau die Worte, die ich zu Beginn dieses Kapitels geschrieben habe. Den meisten Frauen laufen dann die Tränen über die Wangen. Und ich bin immer wieder tief berührt, weil ich es so gut verstehen kann. Denn mir ging es jahrelang nicht anders. Ich kenne das Gefühl, falsch, unzulänglich, nicht genug zu sein. Das Gefühl, einfach keine Kraft mehr zu haben. Immer nur zu funktionieren, während das Leben an mir vorbeiläuft. Überall hörte ich „Selbstliebe" und „Mindset" – aber ich hatte einfach keine Ahnung, wie das funktionieren sollte. Ehrlich gesagt, es hörte sich viel zu einfach an, um wahr zu sein. Es war mir unmöglich, mich vor den Spiegel zu stellen und laut und deutlich zu sagen: Ich liebe mich, so wie ich bin. Hast du das schon einmal probiert? Aber warum solltest du auch?

Denn in unserer Gesellschaft ist immer noch ein weit verbreiteter Irrglaube unterwegs: nämlich der, dass Selbstliebe gleichzusetzen ist mit Egoismus. Aber dazu erkläre ich dir später mehr.

Süchtig nach Lob

Jeder Mensch sehnt sich nach Liebe und Anerkennung. (Ich glaube, dass ich das so pauschal sagen kann.) Viele Frauen identifizieren sich sogar über das Ausmaß an Lob und Anerkennung. Je mehr sie leisten, je mehr sie schaffen, desto mehr Lob bekommen sie. Das pusht den Selbstwert.
Manchmal entsteht eine Art Sucht daraus. Noch mehr leisten, um noch mehr Anerkennung zu bekommen. Es tut ja so gut. Es fühlt sich so schön an.
Das Fatale an diesem Verhalten ist, dass es dich nicht glücklich macht. Es schenkt dir eine kurze Befriedigung, aber ein tiefes Gefühl der Anerkennung bleibt aus. Doch genau danach sehnt sich die Seele. Auch deine.
Die Frauen, die auf Anerkennung und Leistung programmiert sind und sich darüber Wertschätzung „verdienen", entwickeln oft ein Helfersyndrom. Sie denken, ohne sie geht es nicht. Sie müssen allen und jedem helfen. Egal, ob sie die Kraft dazu haben. Denn mehr zu arbeiten, bedeutet, mehr Menschen zu erreichen; mehr Menschen, die ihnen Wertschätzung entgegenbringen. So entsteht in ihnen ein gutes Gefühl. Das bedeutet, dass Wohlbefinden und Liebe abhängig sind von der eigenen Leistung.
Aber wie kann eine Frau den Sonntag auf der Couch genießen, wenn sie so auf Leistung aus ist? Die Stimme im Ohr flüstert: „Musst du nicht noch staubsaugen?" „Du musst doch etwas tun." „Einfach so rumliegen, wo kommen wir denn da

hin?" Sich einfach ausruhen? Das geht doch nicht. Das passiert völlig unbewusst. Eine unsichtbare Macht treibt sie von der Couch. Die wenigsten Frauen sind sich dessen bewusst.
Ich vermute mal, dass du, wie in den meisten deutschsprachigen Haushalten, für den Großteil der Hausarbeit zuständig bist. Würdigt das deine Familie? Sieht deine Familie, wenn du die Küche so richtig gründlich geputzt hast? Sagen sie dir, dass du das besonders gut gemacht hast? Oder ist das einfach selbstverständlich?
Wirklich beachtet wird das, was du tust, meistens nicht. Und, löst das ein echt doofes Gefühl aus?
Du bist frustriert. Du hast es schließlich besonders gut gemacht. Du hast dich so bemüht. Und dein Umfeld, dein Mann, deine Familie ... keiner sieht es.
Das ist doch eine Frechheit! Nein. Es ist keine Frechheit. Natürlich wäre es schön. Aber ich bleibe dabei: Es ist nicht die Aufgabe von anderen, dein Tun und Handeln zu würdigen. Es ist deine Aufgabe!

Warum es so wichtig ist, sich selbst zu feiern

Würdigst du dich und dein Tun? – Wenn ich im Coaching meinen Klientinnen diese Frage stelle, schauen die meisten betreten nach unten und es laufen die Tränen.
Für die meisten Frauen ist es einfach selbstverständlich, was sie alles leisten. Sie hecheln nach dem Bisschen Anerkennung und Wertschätzung, das ihre Lieben oder der Chef oder die Kunden ihnen geben. Doch wirklich feiern tut sich kaum eine Frau.
Dann gehen wir doch noch einen Schritt weiter. Ich frage dann: Liebst du dich, so wie du bist?

Sich selber lieben? Wer tut denn sowas? Da geht, wie auf Knopfdruck ein Riesenalarm im Kopf los. Dieser Alarm schreit folgende Sätze: Eigenlob stinkt! Sich selber anerkennen? Das ist doch arrogant und egoistisch. Selbstverliebte arrogante Schnösel haben wir doch schon genug. Nachher kann dich keiner mehr leiden, wenn du in die Selbstliebe gehst.

Das sind Ängste und Befürchtungen, die dich zurückhalten. Doch diese Ängste und Befürchtungen basieren nicht auf der Realität. Anders als Erwachsene, finden Kinder sich durch und durch perfekt. Warum ändert sich das im Lauf der Zeit? Man hört den Erwachsenen zu, die sagen, wie man sein und eben nicht sein soll. Und man glaubt ihnen. Das tun sie nicht mit böser Absicht oder weil sie dich nicht lieben. Sie tun es, weil sie es selbst nie anders gelernt haben. Richtig ist es trotzdem nicht.

Ich möchte nicht Eltern oder Großeltern die Schuld für etwas geben. Überlege einmal, mit welchem Weltbild und welchen Weltanschauungen deine Eltern aufgewachsen sind. Was hat sie geprägt? Wie war das Frauen- und Mädchenbild zu dieser Zeit? Mit diesen Prägungen und Aufforderungen sind dann auch wir aller Wahrscheinlichkeit nach aufgewachsen.

Sei ein braves Mädchen. Sei schön lieb. Nimm dich nicht so wichtig. Gut erzogene Kinder kann man sehen, aber nicht hören. Und noch vieles mehr.

Doch wer will so sein? Ich sicher nicht. Eine meiner größten Stärken ist meine Fröhlichkeit. Das fanden meine Familie, meine Erzieherinnen, meine Lehrerinnen ganz toll. Kinder sind intelligent: Wenn etwas gut funktioniert, machen sie natürlich mehr davon. Also habe ich gelernt zu lächeln. Immer. Weil ich in meinem Inneren gespeichert hatte, dass ich nur lächeln muss – und alle mögen mich.

Natürlich sind mein Optimismus, meine Fröhlichkeit und Freundlichkeit große Stärken von mir. Doch muss ich auch lächeln, wenn mir eigentlich danach ist zu weinen? Muss ich Fröhlichkeit vortäuschen, auch wenn ich gerade von ganz anderen Gefühlen beherrscht werde?

Alle Gefühle sind okay
Kindern wird oft vermittelt, dass nicht alle Emotionen okay sind. Trotz, Wut, Ärger oder Traurigkeit sind weniger anerkannt. Den Spruch kennt sicher jeder: Ein Indianer kennt kein Schmerz. So wird kindlicher Schmerz auch heute noch abgewiegelt, statt das Kind tröstend in den Arm und seinen Schmerz, egal, ob groß oder klein, ernst zu nehmen. So ein Bullshit. Denn selbst die kleinste Schramme tut im ersten Moment weh.
Wenn ein Kind sich dann traut, seinen Unmut zu äußern, dann wird ihm erwidert: „Jetzt sei doch nicht so empfindlich."
„Du stellst dich aber auch immer an!"
Was passiert, wenn Kinder auf solche Äußerungen treffen? Sie lernen dadurch, dass irgendwas mit ihnen nicht in Ordnung ist. Dass sie sich ändern müssen, um gemocht und ak-

zeptiert zu werden. Dass sie einfach mal die Zähne zusammenbeißen müssen. Die eigene Befindlichkeit mal nicht so wichtig nehmen. Sich selber nicht so wichtig nehmen. Und diese Botschaft sitzt in 60 Billionen Zellen. Sie zeigt sich in unterschiedlicher Art und Weise, vor allem bei Frauen zum Beispiel als Helfersyndrom. Frauen mit Helfersyndrom opfern sich über alle Maße auf. Sie kennen weder ihre eigenen Grenzen, noch achten auf ihre Bedürfnisse. Immer mit dem Gedanken, dass die anderen ja wichtiger sind als sie selbst. Sie haben ihre eigenen Energiereserven nicht im Blick und wenn sie etwas von sich spüren, sind die Bedürfnisse der anderen wichtiger. Häufig findest du solche Frauen in sozialen Berufen. Und dort ist es meiner Meinung nach ein in Kauf genommenes Übel, was vielleicht sogar unterstützt und einkalkuliert ist.

Selbst wenn ihnen gesagt wird, dass sie sich mal ausruhen sollen, können sie das nicht annehmen. Sie identifizieren sich über das Lob und die Anerkennung von anderen. Je mehr desto besser.

Doch das Lob und die Anerkennung wirken nicht lange, weil sie nicht in der Tiefe ankommen. Sie können es nicht fühlen. Sie wiegeln jedes Mal beschämt ab.

„Das ist doch nichts Besonderes!"

„Ich bin doch nichts Besonderes!"

Dann haben wir noch die Art von Frauen, die keine Rücksicht auf die Bedürfnisse von anderen nehmen. Auch sie versorgen sich nicht. Auch sie achten nicht auf ihre Reserven und ihre Kräfte. Sie sind völlig im Mangel. Sie haben solche Angst, nicht genug zu bekommen, dass sie hamstern statt zu teilen. Das sind die Frauen, die anderen nicht erzählen, wo es gerade die tollen und günstigen Schuhe gibt. Die beim Buffet immer vorne in der Schlange stehen. Auch hinter diesem

Verhalten steht eine ganz große Angst: die Angst, nicht genug zu bekommen. Für mich ist nicht genug da. Ich bin nicht genug. Sie befriedigen ihre Unzulänglichkeit mit Konsumgütern. Sie geben nach außen das Bild, wie wertvoll sie sind. Durch die teuren Klamotten, den wertvollen Schmuck, das teure Auto. Doch all das sind nur Accessoires. Sie füllen nicht die Leere, die innen herrscht.

Die unsichtbare Frau gibt es auch. Die, die kaum wahrgenommen wird, die ihre Meinung zurückhält und Angst hat, etwas zu sagen. Und wenn sie etwas sagt, dann wartet sie und geht mit der Menge. Bloß nicht alleine mit einer Meinung dastehen. Wie ein Fähnchen im Wind bewegt sie sich mit der Masse. Unsicher, still und angepasst sind die passenden Adjektive.

Es gibt bestimmt noch viele andere Verhaltensformen, die auf einem sehr geringen Selbstwert fußen. Ich habe diese drei aufgelistet, weil ich sie in meiner Praxis immer wieder erleben darf.

Zurück zum Anfang

Erinnere dich daran: Es gab eine Zeit in deinem Leben, da fandest du dich perfekt. Alles an dir – selbst deine Exkremente. Du hast mit deinen Füßen gespielt. Fandest deine Hände entzückend. Du hast dich selber zum Lachen und Giggeln gebracht. Damals, als du ein Baby und Kleinkind warst, dachtest du, du wärst perfekt. Genau richtig. Die alles entscheidende Frage ist: Wie kommst du wieder dahin?

Wenn ich meine Klientinnen in der Praxis mit dem Wort Selbstliebe konfrontiere, macht sich Angst breit. Es ist die Angst, eine Frau zu werden, der alles egal ist. Eine Klientin hat sogar die Arbeit mit mir abgebrochen, weil sie es nicht über sich gebracht hat, sich selbst zu sagen, dass sie sich liebt. Ihre tiefen Überzeugungen und ihre Erziehung standen in so großem Widerspruch zur Selbstliebe, dass es ihr nicht möglich war, weiter mit mir zu arbeiten bzw. in die Selbstliebe zu gehen.

Selbstliebe ist kein Egoismus

Vielleicht machst du dir auch Sorgen, dass du rücksichtslos wirkst, wenn du dich um deine Bedürfnisse kümmerst? Ich habe noch nie einen Menschen getroffen, der völlig mit sich im Reinen ist, dem aber die Bedürfnisse von anderen egal sind. Ganz im Gegenteil. Erst die Selbstliebe befähigt uns zu wahrhaftiger Empathie und sozialem Handeln. Je mehr du in deiner Kraft bist, je verbundener du mit dir selber bist, desto fähiger bist du, die Bedürfnisse deines Umfelds zu achten und zu befriedigen. Klingt im ersten Moment sicher komisch, stimmt aber!

Lass mich das mit einem Vergleich erklären. Vor jedem Flug vermitteln die Flugbegleiter*innen den Fluggästen die Sicherheitshinweise, für den Fall, dass es zu Turbulenzen oder Schlimmerem kommt. Was passiert in der Kabine bei einem Druckabfall? Richtig, die Sauerstoffmasken fallen von der Decke. Und jetzt kommt der spannende Teil. Wem sollst du die Maske zuerst aufsetzten? Na, dir! Erst danach hilfst du deinen Mitreisenden.

Und jetzt übertrage das bitte mal in dein Leben. Du rennst durch das gesamte Flugzeug, setzt jedem die Maske auf und brichst dann wegen Sauerstoffmangels zusammen.

Du nennst das Liebe? Hilfsbereitschaft? Ich vermute, du hast es bestimmt nur gut gemeint. Ich vermute, du denkst, du kannst nicht anders handeln.

Weil es deine Prägung ist.

Doch es ist nicht nur gefährlich, so unachtsam mit deinen Ressourcen umzugehen, es ist sogar egoistisch. Was sind denn die Folgen? Welche Auswirkungen hat dein Verhalten? Auf deinen Körper? Auf deine Psyche? Auf eure Familie? Auf deine Kinder? Auf deine Partnerschaft?

Ich habe dir gesagt, dass es nicht die Aufgabe deiner Familie ist, deine Arbeit zu würdigen. Es ist deine Aufgabe. Genauso ist es nicht die Aufgabe deiner Familie, auf dich zu achten. Es ist deine Aufgabe. Du bist für dich und dein Leben verantwortlich, sonst niemand.

Natürlich opferst du dich auf und missachtest deine Grenzen, weil du es gut meinst. Klar, du willst alles geben. Doch wann ist denn alles gegeben? Wenn du mit einem Burnout aus deinem Leben fliegst? Wenn dein Körper streikt und du richtig krank wirst?

Was wären die Folgen? Für dich und deine Familie wäre es fatal. Denn sie brauchen dich – und zwar in deiner vollen Kraft. (van Stappen, 2012)

Das sind Merkmale, an denen du erkennst, dass du in der Selbstfürsorge bist:

- Du kümmerst dich gut um dich selbst, um deine Kraftreserven aufzuladen und damit auch anderen helfen zu können
- Du empfindest Empathie für andere.
- Du kannst die Macken und vermeintlichen Schwächen anderer tolerieren.
- Du akzeptierst dich selbst und deine Grenzen.
- Du kennst deine Stärken und nutzt sie auch, um anderen zu helfen.
- Äußere Umstände haben keinen Einfluss auf deinen Selbstwert.
- Du achtest auf deine Bedürfnisse und kannst ein wertschätzendes „Nein" aussprechen, um deine Grenzen zu wahren.
- Dir ist langfristige Bedürfnisbefriedigung wichtiger als kurzfristige.
- Du spürst Dankbarkeit für die guten Dinge in deinem Leben.

Das dagegen sind Merkmale egoistischen Verhaltens:

- Du nimmst keine Rücksicht auf andere und dir ist ihr Wohlbefinden egal.
- Du hast kein Mitleid mit anderen.
- Du tolerierst die Macken der anderen nicht.
- Du nutzt andere Menschen aus, um einen Vorteil daraus zu ziehen.
- Du misst deinen Selbstwert an Statussymbolen.

- Du fühlst dich minderwertig und lässt das an anderen aus.
- Du tust Dinge für andere, um etwas dafür zu verlangen. (Eine Hand wäscht die andere.)
- Dir ist die kurzfristige Bedürfnisbefriedigung wichtiger als eine langfristige.
- Dir fällt es schwer, dankbar zu sein.

Raus aus dem Hamsterrad

Jetzt siehst du, dass Selbstliebe nichts mit Egoismus zu tun hat. Dennoch ist es für viele Frauen so schwer, gut mit sich umzugehen und sich selbst zuzusprechen: „Das habe ich gut gemacht." Es ist, als würden sie Limbo tanzen. Nur geht es in ihrem Leben nicht darum, so tief wie möglich unter der Stange durchzutanzen, sondern die Latte möglichst hoch zu legen.

Sie haben das Gefühl, anderen etwas beweisen zu müssen: den Eltern, dem Mann, den Kindern, den Freund*innen, dem*der Chef*in. Das treibt an. Dadurch schafft man Höchstleistungen. Aber man ist gefangen in einer Dauerschleife – auch Hamsterrad genannt.

Die gelebte und praktizierte Selbstliebe ist der Ausgang aus dem Hamsterrad:

- Du befreist dich vom Vergleichen.
- Du befreist dich aus dem Gefühl, nicht gut genug zu sein.
- Du befreist dich von der Angst, dass nicht genug für dich da ist.

Und sie ist gleichzeitig ein Anfang:

- Du beginnst, wirklich glücklich zu sein.

- Du verbindest dich mit dir selbst.
- Du bist im Vertrauen.
- Du weißt aus tiefstem Herzen, dass du genau richtig und wertvoll bist.

Das ist Selbstliebe. Du liebst und akzeptierst dich so, wie du wirklich bist. Ohne Fassade. Nur du. Bedingungslos.

Von der Selbstverachtung in die Selbstliebe

Es kann passieren, dass es sich komisch anfühlt, Selbstliebe zu praktizieren. Dass dein Ego Gründe findet, warum das so nicht geht, oder dass du dafür sowieso keine Zeit hast. Unser Ego mag die Gewohnheit. So euphorisch sich unser Bewusstsein auch entscheidet, sich auf eine Veränderung einzulassen: Das Unterbewusstsein sieht das etwas anders. Denn wenn sich gewohnte Denkprozesse verändern, findet unser Ego das alles andere als witzig.

Dabei ist Selbstliebe wie ein Spiel, in dem du nicht verlieren kannst. Doch das weiß das Ego leider nicht. Deshalb versucht es, dich zu hindern und dir zu erzählen, dass das ja alles gar nichts bringt – als würden sich durch so ein bisschen Selbstliebe alle deine Probleme auflösen ... Ich vermute mal, dein Ego ist da recht erfinderisch.

Breite Wege und unbetretene Pfade
Warum verhält sich dein Ego so? Eine kurze Erklärung dazu: Stell dir vor, du gehst durch den Wald. Da ist der ausgetretene Waldweg, auf dem du immer läufst. Du kennst jeden Stein und du weißt, wo dir etwas im Weg liegt. So magst du es. Deine gewohnten Gedanken und Glaubenssätze sind der Waldweg. Denn dein Unterbewusstsein mag es einfach und

bequem. Du denkst das, was du immer denkst, und erhältst die Resultate, die du immer erhalten hast. Wie könntest du auch andere Resultate erwarten? Jedenfalls wurden diese Gedanken durch die ständige Wiederholung zu breiten und einfachen Wegen in deinem Gehirn. Es ist also recht easy.

Wenn du diese Wege verlässt, kann es passieren, dass es dir weh tut, weil du der Wahrheit ins Auge blickst. Es kann passieren, dass dein Ego dir vorgaukelt, dass es viel einfacher ist, weiter den alten Weg zu gehen. Und wir alle lieben die Bequemlichkeit. Doch das ist, als ließest du einen Stachel in einer Wunde und klebtest einfach ein Pflaster drüber. Der Schmerz, dieses fiese Stechen, ist vielleicht nicht so schmerzhaft, als wenn du den Stachel rausziehst – aber er piekt dich immer und immer wieder.

Ich möchte, dass du andere, neue Dinge denkst. Wie zum Beispiel, dass du großartig und wirklich gut genug bist. So etwas ist für dein Unterbewusstsein, dein Ego neu und anstrengend. Und jetzt stell dir wieder vor, wie es im Wald ist. Du verlässt auf einmal die breiten Wege und gehst durch das Dickicht. Alles ist voller Dornensträucher. Es ist ganz schön schwer, da durchzugehen. Du kommst auch nicht so schnell vorwärts, weil du deine Beine hochheben musst. Es kann auch vorkommen, dass du an einem Zweig hängenbleibst und vielleicht sogar deine Hose kaputt geht. Vielleicht stolperst du auch oder du fällst hin. Das kann dir alles passieren, wenn du das erste Mal durch das Dickicht gehst. Und dann kommst du am nächsten Tag wieder. Du kannst die Stelle leicht erkennen, wo du durch das Dickicht gegangen bist. Du siehst die abgebrochenen Zweige und auch deine Fußspuren. Also gehst du diesen Weg noch einmal. Er ist immer noch schwierig, aber nicht mehr ganz so schwierig wie gestern. Du erkennst die Stelle wieder, an der du gefallen bist und wo deine Hose kaputt gegangen ist. Dann stell dir vor, diesen neuen Weg gehst du nun jeden Tag. Es dauert eine Zeit, aber er wird irgendwann so ausgetreten sein wie der andere Waldweg.

Ich möchte dir mit diesem Vergleich natürlich nicht raten, die realen Waldwege zu verlassen und querfeldein durch die Natur zu trampeln. Nein, das lassen wir fein sein. Aber du kannst dir anhand dieses Bildes nun bestimmt gut vorstellen, warum es sich lohnt, die ausgetretenen Pfade zu verlassen.

Du möchtest dein Leben verbessern?

Du möchtest Liebe zu dir selber spüren?

Dann wirst du Dinge tun, die du bisher nicht getan hast!

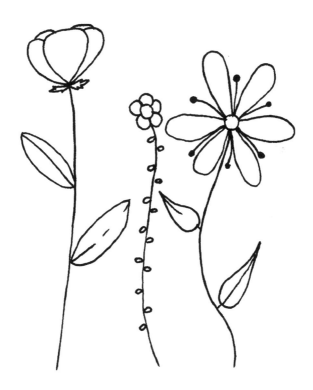

Übung: Spiegelarbeit

Plane dir für die folgende Übung genügend Zeit ein. Denn am Anfang kann es sein, dass dieser Prozess länger dauert. Je öfter du die Übung praktizierst, desto leichter wird sie. Lege dir Papier und Stifte bereit. Vielleicht möchtest du deine Gefühle und Erkenntnisse notieren.
Ich bin durch Louise Hay zu dieser Spiegelarbeit gekommen. Es war faszinierend, was mit mir geschehen ist, als ich das erste Mal vor dem Spiegel stand. (Hay, Spiegelarbeit, Heile deinen Körper in 21 Tagen, 2018)

Stelle dich vor den Spiegel und schaue dir in die Augen.
Atme bewusst und tief ein und durch deinen Mund wieder aus.
Dann lass den Atem einfach fließen.
Spüre den Boden unter deinen Füßen. Nimm das Gefühl war, wie der Boden dich trägt. Du bist getragen.
Atme weiter tief ein und durch den Mund wieder aus.
Lass beim Ausatmen einfach los, was jetzt in diesem Moment nicht zu dir gehört. Dein System weiß das ganz intuitiv.
Atme ein – und lasse los, was du nicht mehr brauchst.
Atme ein – und lasse los.
Spüre, wie dein Atem im natürlichen Fluss ist.
Spüre deine Verbundenheit mit Mutter Erde.
Spüre, dass du getragen bist von Mutter Erde.

Jetzt spüre deine Verbundenheit mit dir. Spüre dich, so wie du bist.
Alles an dir ist richtig.
Schenke dir jetzt ein Lächeln.
Lächle dich an.
Ich liebe und akzeptiere mich, so wie ich bin.
O ja, ich (dein Name) liebe und akzeptiere mich, so wie ich bin.
Ich bin genau richtig.
Ich bin verbunden mit mir.
Ich vertraue mir.
Ich liebe und akzeptiere mich so, wie ich bin.
Ich liebe mich.
Ich liebe mich.

Umarme dich selber.
Schenke dir dein liebevollstes Lächeln.
Schau dich wirklich bewusst an.
Fühle dich geborgen.
Fühle dich geliebt.
Fühle dich getragen.
Fühle dich in Sicherheit.
Gehe tiefer in das Gefühl der absoluten Liebe.
Schau dich an.
Liebevoll.
Wertschätzend.
Du wundervolle Frau.
Du Wunder.
Atme weiter gleichmäßig.
Gehe noch tiefer in das Gefühl.
Für dich.

Alles ist richtig an dir.
Alles ist gut an dir.

Schau dich an und sage dir: Ich liebe dich.
Wenn da irgendwo ein kleiner Zweifel kommt, atme ihn einfach durch deinen geöffneten Mund aus.
Lass ihn einfach los. Es ist nur ein Gedanke.
Genauso wie der Gedanke, dass du richtig bist.
Du entscheidest, welchem Gedanken du glauben möchtest.
Bleib einfach vor dem Spiegel stehen.
Atme weiter.
Verbunden mit Mutter Erde.
Verbunden mit deinem wahren Ich.
Ich liebe und akzeptiere mich, wie ich bin.

Du entscheidest, wann du diese Übung beendest.
Du kannst dieses Gefühl, der tiefen Liebe für dich mitnehmen.
Du kannst es in dir verankern, indem du diese Übung mehrmals täglich machst.
Du kannst es zu deinem neuen Gefühl erklären.
Es ist so einfach.

Dennoch kann es passieren, dass es dir schwerfällt.
Dass du es kaum über dich bringst, dir das zu sagen.
Es ist ein Training. Etwas was du bisher nicht getan hast, darf sich komisch anfühlen.
Dennoch bitte ich dich, weiterzumachen. Zu vertrauen. Es hat seinen Sinn und seine Richtigkeit.

50 Dinge, die du an dir magst

Wenn du etwas Neues tust, kommt das Aber wie das Amen in der Kirche:

- Aber ich bin doch nicht gut genug.
- Aber ich bin doch nicht richtig.
- Aber ich bin doch gar nicht so toll.

Diesen Zweifel kannst du beruhigen. Du kannst diese intensive Übung jedes Mal machen, wenn diese Zweifel in dir werden.

Du schreibst 50 tolle Sachen von dir auf. Das können Charaktereigenschaften oder körperliche Merkmale sein … eben alles, was dir richtig gut an dir gefällt. Nicht das, was anderen gut an dir gefällt, sondern das, was du magst. Jedes Mal, wenn der Zweifel laut wird, nimmst du dir die Liste und schreibst. (Ja, die Sachen dürfen sich auch wiederholen.)

50 Dinge erscheinen dir vielleicht viel, aber bitte investiere die Zeit und finde wirklich 50 Dinge und nicht weniger! Es kann sein, dass du dafür eine Weile brauchst, aber ich bin mir sicher, du wirst sie finden, denn es gibt unendlich viele Dinge an dir, die toll sind und die du gut kannst.

Die Essenz deines Glücks

Deine Liebe zur dir ist die Essenz deines Glücks. Niemand anders kann sie dir geben, nur du. Deshalb höre bitte auf, diese Liebe im Außen zu suchen, etwa bei deinem Partner, deinen Kindern oder im Konsum. Du möchtest doch geliebt werden. Wie soll irgendjemand dir etwas geben können, was du selbst nicht spürst? Deshalb ist es so wichtig, dich selbst anzunehmen und rauszukommen aus alten, übernommenen Denkweisen. Es geht darum, dich zu der Liebe deines Lebens zu machen. Deinen Körper zu ehren und zu achten als das, was er ist: ein Geschenk. Lass deine Liebe zu dir in jede Faser deines Körpers fließen. Tief aus deiner Seele. Schließe Frieden mit dir. Vermutlich denkst du: Das ist einfacher gesagt als getan. Was bedeutet es, wirklich Frieden mit dir zu schließen? Du übernimmst die Verantwortung. Wenn du aufhörst, auf dir rumzuhacken, erkennst du dich als das an, was du bist: ein einzigartiges Wunder.

Ich habe so viele Frauen erlebt, die in dem Moment, in dem sie ihre Liebe zu sich wieder gelebt haben, ihr Leben verändert haben. Sie haben ihre Ehe gerettet oder sich friedlich und einvernehmlich von ihrem Partner getrennt. Sie haben die Beziehung zu ihren Eltern geheilt. Sie konnten ihre Kinder loslassen und wachsen lassen.

Es mag manchen immer noch klein oder unwichtig vorkommen. Aber die Selbstliebe ist für mich das mächtigste Tool. Mein Leben hat sich radikal geändert. Meine Liebe zu mir ist radikal. Ich führe eine so glückliche Ehe, das hätte ich mir nie zu träumen gewagt. Wir haben ein tolles und fröhliches Fa-

milienleben – mit großartigen Töchtern. Ich konnte Beziehungen, die mir nicht gutgetan haben, völlig loslassen und mich frei machen von Erwartungen und Forderungen.
Ich brauche keine Anerkennung mehr von außen. Klar hört mein Ego es gerne, wenn ich ein positives Feedback bekomme. Aber es hat nichts mehr mit meinem Wert zu tun.

Affirmationen, die dein Leben verändern
(Hay, Heile deinen Körper, 2017)

Affirmationen sind selbstbejahende Sätze. Indem du dir einen solchen Satz immer und immer wieder sagst, kannst du dein Unterbewusstsein beruhigen und deine Gefühle und dein Verhalten dauerhaft verändern.
Hier sind ein paar Ideen und Inspirationen. Du kannst natürlich jede Affirmation gern anpassen, verändern oder eigene erfinden.

Affirmationen für mehr Selbstbewusstsein und Vertrauen
- Ich vertraue dem Leben und mir selbst voll und ganz.
- Alles ist gut. Das Leben meint es gut mit mir.
- Alles, was passiert, passiert zu meinem Wohle. Ich kann aus allem, was passiert, etwas lernen. Alles hat seinen Sinn.
- Ich bin es wert, geliebt zu werden.
- Ich liebe mich genauso, wie ich bin.
- Ich bin ein Geschenk.
- Ich öffne mich mehr und mehr dem Leben. Ich lade das Vertrauen in mein Leben ein.

Affirmationen für Erfolg
- Mein Leben ist reich und erfüllt.
- Ich erkenne den Wert meiner Arbeit.

- Ich habe die Fähigkeiten, alles zu schaffen, was ich will.
- Ich übe eine Tätigkeit aus, die mich erfüllt und bereichert.
- Ich bin ein wertvoller Teil dieser Gesellschaft.
- Ich habe eine Vision. Ich lebe meine Vision.

Affirmationen für Liebe und Partnerschaft

- Ich bin offen für eine neue Partnerschaft.
- Mein Leben ist erfüllt von Liebe und Harmonie.
- Alles an mir ist liebenswert.
- Ich ziehe Menschen an, die gut für mich sind.
- Ich lasse Nähe zu.

Affirmationen für Gesundheit

- Ich bemerke die Signale meines Körpers und erkenne, was gut für mich ist.
- Jeder Zelle meines Körpers geht es gut.
- Mein Körper ist mein Tempel.
- Ich höre auf meinen Körper und tue ihm Gutes.
- Ich fühle mich wohl in meinem Körper. Mein Körper ist ein Wunder.

Wie unsere Einstellung unsere Wahrnehmung beeinflusst
Die Menschheit besteht aus Milliarden von Individuen. Und jedes Individuum hat eine einzigartige Sicht auf die Welt. Wenn wir mit jemandem gemeinsam etwas erleben, dann erlebt doch jede*r etwas völlig anderes. Das liegt an unserem Retikulären Aktivierungssystem (RAS). Jede Sekunde prasseln unzählige Eindrücke auf uns ein. Unser Gehirn hat gelernt, diese Eindrücke so zu filtern, dass wir sie verarbeiten

und daraus verständliche Informationen gewinnen können. (Rassek, 2020)
Doch objektiv ist unser Retikuläres Aktivierungssystem nicht. Wir haben einen Filter in uns, der geprägt wurde von ureigensten Überzeugungen und Glaubenssätzen. Dieser Filter sortiert die Eindrücke nach folgenden Kriterien:

- neue Informationen
- emotionale Informationen
- lebenswichtige Informationen

Ein Beispiel: Du hast dich in ein Auto verliebt. Du willst dieses Auto gerne kaufen. Auf einmal fällt dir auf, wie viele Autos genau dieser Marke und dieses Typs auf den Straßen unterwegs sind. Du wunderst dich vielleicht. Das ist dir vorher gar nicht aufgefallen! Und das beeinflusst deine Entscheidung. Weil es vielleicht deine Grundannahme bestätigt: Wenn so viele Menschen dieses Auto fahren, dann muss es ja gut sein.
Es ist wirklich spannend, was mit uns und unserer Welt passiert. Vor allem sind wir ja immer von der Richtigkeit unserer Gedanken überzeugt. Und jetzt überlege mal, dass dies auch für deine Mitmenschen zutrifft. Jede*r von uns wählt – unbewusst natürlich – die Eindrücke und Nachrichten, die die eigenen Grundannahmen unterstützen. Die innere Einstellung beeinflusst die Selektion der Wahrnehmung. Wir sind von unseren Einstellungen so überzeugt, dass wir im Außen viele Bestätigungen für unsere Einstellung finden. Wie meine ich das?
Es gibt Menschen, die haben eine eher pessimistische Grundhaltung. Jemand hat zum Beispiel die Einstellung: Zu schön, um wahr zu sein. Und dann kauft sich dieser Mensch ein neues, sehr teures Handy. Die Konditionen waren einfach großartig. Er ist von seinem Tun immer noch überrascht und

erfreut, doch da gibt es den Zweifel, der sagt: „Na komm, das ist doch zu schön, um wahr zu sein." Und dann wird das Handy geklaut und der Zweifel bestätigt. „Siehste", schreit das Ego.

Die anderen Möglichkeiten – dass man eventuell nur zur falschen Zeit am falschen Ort war oder dass es statistisch gesehen einfach mal passieren kann, dass einem das Handy gestohlen wird – kommen einem gar nicht in den Sinn. Denn Fakten, die nicht ins Bild passen, werden gerne ausgeblendet.

Es gibt aber auch die Menschen, denen das Glück nur so zufällt. Alles scheint zu gelingen. Sie haben die typische „Pippi-Langstrumpf-Einstellung": Ich habe das noch nie getan, also bin ich mir sicher, dass ich es schaffe. Ihr RAS ist so eingestellt, dass die äußeren Umstände ins positive Selbstbild passen. Klar, gibt es auch bei diesen Menschen Dinge, die nicht gut funktionieren. Doch werden die einfach gar nicht so wahrgenommen. Das RAS schafft eine völlig andere Bewertung.

Wie Konflikte entstehen – und wie wir sie lösen können

In meine Praxis kommen Frauen selten, wenn es ihnen gut geht. Sie suchen mich auf, wenn es nicht gut läuft. Viele meiner Klientinnen haben Beziehungsstress: Auseinandersetzungen mit ihrem Mann, Streit und Diskussionen mit ihren Kindern, Ärger mit Chef*in und Kolleg*innen, Probleme mit Eltern oder Schwiegereltern, Rivalität in Frauengruppen. Das RAS zu erklären, macht meiner Meinung nach hier am meisten Sinn. Denn worum geht es in diesen Konflikten? Es geht darum, Recht zu haben.

Doch wenn wir uns klar machen, dass jeder Mensch die Welt auf seine Art und Weise wahrnimmt, dann stellt sich die Frage, ob es so etwas wie „Recht haben" überhaupt gibt. Und das ist genau der Punkt. Natürlich gibt es das „Recht haben". Spannend an der Sache ist, dass jeder Recht hat. Aufgrund der eigenen selektiven Wahrnehmung kann man sagen, dass jeder Mensch Recht hat. Das Fühlen, das Empfinden, es ist alles richtig.

Wenn wir nun unser Gegenüber von der Richtigkeit der eigenen Wahrnehmung überzeugen wollen, entstehen Konflikte. Wir haben so viele, meiner Meinung nach unnötige, Konflikte. Menschen gehen auseinander, verlieren den Kontakt zueinander, weil sie so sehr an ihrer Sicht der Dinge festhalten. Es wäre so viel einfacher, wenn wir die Richtigkeit der Wahrnehmung des Gegenübers anerkennen würden. Gleichzeitig wird die Richtigkeit deiner Wahrnehmung anerkannt und du bist dir deiner Richtigkeit bewusst. Wenn du das schaffst, dann suchst du nach Lösungen. Dann ist dir das

„Recht haben" egal. Dein Ego kann auf diese Bestätigung verzichten.

Jede*r hat eine eigene Landkarte

Ein sehr schönes Beispiel dafür habe ich einmal auf einem Bild in einer meiner Ausbildungsakademien gefunden: Die Welt eines jeden Menschen ist eine Landkarte.

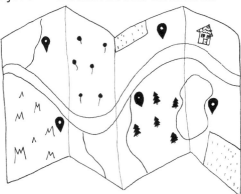

Jeder von uns hat andere Punkte, andere Erlebnisse und Prägungen auf seiner Landkarte. Dadurch formt sich die Landkarte. Und wir versuchen, unser Gegenüber davon zu überzeugen, dass unsere Landkarte richtig ist. Wenn wir akzeptieren können, dass aufgrund unterschiedlicher Erlebnisse und Ereignisse jeder von uns eine andere Landkarte hat und wir gemeinsame Lösungen finden, wäre die Welt ein sehr friedlicher Ort.

Doch leider läuft es so noch nicht. Viele Auseinandersetzungen sind voller Ängste, Nöte und Sorgen. Vielen Menschen ist es extrem wichtig ist, Recht zu haben. Selbst wenn Lösungen gefunden wurden, gibt es ein „Ja, aber ...".

Auch meine Klientinnen möchten oft Recht behalten. Sie möchten ihren negativen Stimmen so gerne glauben. Weil sie das ja schon immer so gemacht haben. Weil ihr RAS ihnen schließlich genug negative Beweise geschickt hat, dass es ja *wirklich* so ist.

Für mich ist es im Alltag und in der Praxis sehr einfach geworden. Sobald ein „Ja, aber..."-Satz kommt, höre ich sehr genau hin. Ich höre sehr genau auf das, was *nach* dem Aber kommt: meistens die „Ich habe Recht"-Begründung. Wenn ich im Alltag mit solchen Gesprächen zu tun habe, bin ich raus. Ich beende das Gespräch sofort, denn es ergibt keinen Sinn. Weil mein Gegenüber überhaupt nicht bei mir ist. Er oder sie ist in der eigenen Geschichte, auf der eigenen Landkarte. Und das Ego möchte unbedingt Recht behalten.

Ich bin keineswegs ignorant oder gar arrogant, doch ein Gespräch auf dieser Basis ist für mich Energieverschwendung. Es bringt mir und meinem Gegenüber nichts, denn es bringt uns einer Lösung kein Stück näher. Stattdessen wird gestritten, diskutiert, argumentiert. Und wenn es dann immer noch nicht klappt mit dem Recht haben, wird es persönlich. Es wird zu Mitteln gegriffen, die unterhalb der Gürtellinie liegen, weil so die Dominanz unter Beweis gestellt wird.

Ich mache in solchen Situationen immer wieder spannende Erfahrungen. Es ist noch gar nicht so lange her, da berichtete ich in einer Gruppe von einer Geschichte, die ich viele Jahre zuvor erlebt habe. Ich erzählte, wie ich damals unter Schock stehend reagiert habe. Eine Dame aus dieser Gruppe schaute mich an und sagte: „Nee, Ellen, das sehe ich aber ganz anders. Wie konntest du nur so etwas sagen. Das ist ja ganz schlimm ... also wirklich ..." Ich war im ersten Moment viel zu verdattert, um reagieren zu können. Es ging bei meiner Geschichte nicht darum, Zustimmung zu finden. Ich wollte nur meine Erlebnisse und Reaktionen teilen.

Natürlich sieht das jeder anders. Doch welche Wichtigkeit hat diese Information für eine Story, die zwölf Jahre her ist?

Ehrlich gesagt: gar keine. Und das Beste war, dass ich in eine Verteidigungsposition kam für ein Verhalten, das zwölf Jahre her ist. Wieso?

Kennst du das, dass du in bestimmten Gruppen oder Konstellationen das Gefühl hast, eher nicht sagen zu können, wie du wirklich denkst, weil deine Meinung sofort kritisiert und zerlegt wird? Die Erfahrung, von der ich dir gerade erzählt habe, hat dazu geführt, dass ich beschlossen habe: Ich möchte das so nicht. Ich habe keine Lust mehr, mich zu verstellen oder unbedingt irgendwo reinzupassen. Wenn ich nichts erzählen kann, ohne dass mir sofort gesagt wird, was ich alles falsch gemacht habe, dann eben nicht. Ich möchte mich nicht verbiegen. Ich möchte auch nicht für alles, was ich tue, bewertet werden.

Platz machen für neue Erfahrungen

Wenn wir ehrlich sind: Das passiert ständig. In ganz bestimmten Schubladen zu denken und Menschen Stempel aufzudrücken, ist weit verbreitet.

In welchen Situationen tust du das auch? Wo würdest du dir viel mehr Offenheit und Bewertungsfreiheit wünschen? Dann geh voran. Sei du die Veränderung, die du dir wünschst. Ich kann dir sagen, es macht das Leben einfacher und schöner.

Es kann passieren, dass du feststellst, dass du in die eine oder andere Gruppe nicht mehr hineinpasst oder auch gar nicht mehr hineinpassen möchtest. Höre auf deine Intuition. Sie wird dir deinen Weg weisen.

Viel zu lange habe ich ausgehalten und gedacht, dass müsse so sein. Ich habe mich genauso hart bewertet, wie ich bewertet wurde. Und noch schlimmer: Ich habe auch andere Men-

schen so hart bewertet. Damit habe ich mir die Chance genommen, mich auf sie einzulassen und sie kennenzulernen. Als mir klar wurde, was ich wirklich will, habe ich mich von vielen Gruppen, besonders Frauengruppen, verabschiedet. Mal mit lautem Paukenknall, mal eher still und heimlich. Ich hatte lange Angst, dass ich eine einsame Frau werde, wenn ich gehe. Diese Angst war völlig unbegründet.
Als ich mich befreit habe, habe ich viel Platz gemacht. Für so viele neue Frauen. Für so viele tiefe, echte und gute Freundschaften. Ich lebe in so einer Fülle – das berührt mich so sehr. Was für fantastische und beeindruckende Frauen ich heute um mich habe! DANKE. Ich danke meiner Entscheidung. Sie hat mein Leben so bereichert.

Gesprächsgrundlagen verändern

Auch in unserem näheren Umfeld gibt es Situationen, in denen wir uns mit unseren Lieben über unterschiedliche Dinge streiten. Und diese Menschen wollen wir ja nicht alle aus unserem Leben streichen. Aber wir streiten, weil jede*r von uns gerne Recht behält.

Wir streiten zum Beispiel mit unseren Kindern. Sei es Instagram, Snap Chat, WhatsApp – ich wette, die meisten Mütter haben eine völlig andere Meinung zum Thema Soziale Medien als ihre Kinder. Jetzt kommen in meiner Praxis die ersten Einwände. Ja, aber ich kann doch nicht immer nachgeben. Dann wird ja alles so gemacht, wie die anderen das wollen. Dann habe ich ja nichts mehr zu sagen.

Mir erscheint es keineswegs so. Je weniger Ego und „Recht haben" in den Köpfen der Menschen ist, desto friedlicher und lösungsorientierter wird es. Die Gespräche nehmen eine ganz andere Richtung auf. Du sagst dann nicht zu allem Ja,

aber du hast eine klare Linie. Deine Meinung und deine Sichtweise sind wichtig. Und du bist dir dessen bewusst!
Du bist dir dessen auch bewusst, wenn dir keiner zustimmt. Es ist okay.
Was meinst du, wie sich dein*e Gesprächspartner*in fühlt, wenn du seine*ihre Sichtweise anhörst und als richtig anerkennst? Großartig natürlich! Es verändert die Grundlage eures Gesprächs.
Stell dir vor, du streitest mit deinem Teenagerkind darüber, wie und wie oft es das Smartphone nutzen darf. Im Normalfall möchten Eltern, dass die Kinder es so machen, wie die Eltern es für richtig halten. Die Nutzung ist ja auch gefährlich. Die Kinder sollen sich doch auch noch „normal" unterhalten und nicht nur schreiben. Oder weil ja auch noch andere Dinge wichtig sind.
Wenn ich das höre, muss ich etwas schmunzeln. Und ich frage die Eltern: „Woher weißt du das? Woher weißt du, was 2020 im Alter von 14 wichtig ist?" Die meisten reagieren mit einem langen Schweigen. Und dann: „Ja, aber ... als ich 14 war ... und überhaupt, diese Medien ..." Es folgen Einwände und Gründe. Und ich lächle noch mehr. Denn auch wenn es uns Erwachsenen nicht gefällt: Wir haben einfach keine Ahnung. Ich kann dir nicht sagen, wie es heute ist, Teenager zu sein. Was wichtig ist. Wie die Kommunikation läuft. Ohne Frage, ich bin auch sehr skeptisch und sehe in der Mediennutzung große Gefahren – aus meiner Sicht als fast Vierzigjährige. Doch meine Teenagerzeit ist wirklich schon lange her. Ich kann nicht darüber urteilen, wie es heute ist. Doch das tun wir sehr gerne, als hätten wir wirklich Ahnung, was da heute vor sich geht.
Wir urteilen und maßen uns an, die Situation objektiv beurteilen zu können. Weil wir, und ich schließe mich da nicht aus,

so überzeugt sind von der Richtigkeit unserer Landkarte. Wir handeln in bester Absicht für unsere Kinder. Wir handeln aus einer Angst heraus, dass den Kindern etwas Schlimmes passiert. Doch wir treffen Entscheidungen ohne eine ausreichende Wissensgrundlage. Ist das nicht fatal? Welche Folgen könnte denn z.B. ein Verbot bestimmter Apps für unsere Kinder aus ihrer Sicht noch haben? Ausgrenzung, Mobbing, Scham?
Was könnte dir und deinem Kind helfen? Als erstes würde es sicher helfen, wenn du dir die Landkarte deines Kindes anhörst. Wie sieht sie*er das? Wie geht dein Kind mit dem Medium um? Wofür wird es genutzt? Wie sieht die Kommunikation aus?

Lass dir alles erklären und versuche, möglichst wertfrei zu bleiben. Auch die Sicht deines Kindes ist okay. Und dann erkläre deinem Kind deine Sicht der Dinge. Und zwar so, dass es nicht sofort Angst haben muss, dass nur deine Sicht die richtige ist. Macht es auch gerne schriftlich. Dann schaut ihr euch die Punkte an.

- Welche Punkte sind nicht verhandelbar für dich? Mach es offen. Bespreche es ohne Schuldzuweisung.
- Gibt es Punkte, bei denen ihr euch einig seid?
- Wo gibt es Kontroversen?
- Mit welchem Weg, welchen Möglichkeiten könnt ihr beide gut leben?

So gibst du dir und deinem Umfeld die Chance zu wachsen und über alle Maßen machtvoll zu werden.

Auch zwischen erwachsenen Kindern und ihren Eltern oder zwischen Schwiegermutter und Schwiegertochter gibt es ähnliche Konflikte. Da geht es häufig darum, dass die Eltern bzw. die Schwiegereltern es gerne haben, dass die Dinge so geregelt werden, wie sie es getan haben und wie es für sie funktioniert hat. Mit einer belastenden Situation dieser Art war Simone konfrontiert, als sie zu mir in die Praxis kam.

Simone hat jung geheiratet und früh Kinder bekommen. Ihr Mann hat den elterlichen Hof übernommen, was bedeutete, dass sie mit dessen Eltern zusammenwohnten.

Bevor sie mit ihrem Mann zusammengezogen ist, wurden schon bauliche Veränderungen vorgenommen, um mehr räumliche Trennung herzustellen – etwas, was ihre Schwiegereltern nicht wirklich nachvollziehen konnten. Denn sie haben auch mit ihren Eltern bzw. Schwiegereltern in einem Haushalt gelebt. So, wie es auf dem Land eben gängige Praxis war.

Aber Simone wollte das nicht. Ihrem Mann war es egal, genauso wie manche anderen Verhaltensweisen der eigenen Eltern. Wie sollte ihm das auch nicht egal sein, er war ja mit ihren Ansichten und Verhaltensweisen aufgewachsen. Also fühlte sich Simone, als müsse sie kämpfen. Gegen Vorurteile, gegen alte Denkweisen, gegen Verhaltensweisen.

Es kam so, wie sie es befürchtet hatte. Ihre Schwiegereltern waren allgegenwärtig und mischten sich in die häuslichen Belange, in die Kindererziehung und natürlich in die Hofführung ein.

Als Simone mir all das erzählte, konnte ich den Druck und die Anstrengung deutlich spüren. Ihr Zuhause fühlte sich gar nicht an wie ihr Zuhause. Sie hatte das Gefühl, nur ein geduldeter Gast zu sein. Sie setzte sich selbst kaum noch mit ihren Schwiegereltern, besonders ihrer Schwiegermutter, auseinander. Das lief über ihren Mann. Im Alltag sah das so aus: Es fielen Sätze oder die Schwiegermutter wurde übergriffig, Simone erduldete es und sprach abends mit ihrem Mann darüber, der dann wiederum mit seiner Mutter sprach. Eine äußerst ungünstige Situation.

Simones Unterbewusstsein war so in Alarmbereitschaft, dass ihr RAS so filterte, dass sie die negativen Äußerungen, die Betonungen, so heraushörte, dass sie alles als Angriff empfand. Sie liebte ihren Mann. Und der liebte es, auf dem Hof zu sein und zu arbeiten. Was für Möglichkeiten hatte sie also? Die räumliche Trennung war zwar da, wurde aber nicht eingehalten. Es gab eine Verbindungstür – und die stand immer offen.

Simone fühlte sich in einer ausweglosen Situation: Entweder gab sie sich zufrieden oder sie musste gehen. Das waren ihre Optionen, als sie zu mir kam.

Wir haben immer mehrere Möglichkeiten

Es war ein wichtiger Schritt für Simone zu begreifen: Wir haben immer mehrere Möglichkeiten. Die Lösung tragen wir in uns. Nur durch unser eingeschränktes Denken sehen wir die Möglichkeiten nicht.

Also war es für Simone an der Zeit, ihr Denken zu verändern. Das war eine große Aufgabe. Denn das Ego erzählte ihr ja, dass sie im Recht war. Natürlich war sie im Recht. Natürlich war das Verhalten ihrer Schwiegereltern völlig übergriffig und unangebracht. Es half nur nichts, sie davon überzeugen zu wollen, dass sie etwas falsch machen.

Woher sollten sie das denn wissen? Sie haben es selbst nie anders erfahren. Als junge Frau auf dem Hof hatte ihre Schwiegermutter nichts zu sagen. Sie war gewissermaßen wie eine Magd. Aufgrund ihrer Erziehung und ihrer Prägungen war es für sie eine Situation, der sie sich fügen musste. Friss oder stirb.

Als erstes war es wichtig, dass Simone sich klar machte, was sie wirklich wollte. Sie durfte herauskommen aus dem „Das will ich nicht".

Wenn sie neutral darüber nachdachte, hatten ihre Schwiegereltern auch ganz tolle Eigenschaften. Sie waren so bemüht, Simone das Leben zu erleichtern, dass sie gar nicht merkten, dass Simone das nicht wollte. Also war es an der Zeit, über das zu sprechen, was gewollt war. Die Kommunikation über ihren Ehemann, das erkannte Simone, war sehr ungünstig. Sie war ja kein Kind mehr und konnte durchaus für sich selber sprechen. Und das tat sie auch: Als Erstes lud sie ihre Schwiegereltern abends zu sich ein. Ohne Kinder und ohne Ablenkung sprach Simone den Ist-Zustand an, ohne ihren Schwiegereltern Vorwürfe zu machen. Sie teilte ihre Erkenntnisse. Dass es bestimmt kein böser Wille war und ihre Schwiegereltern immer nur mit bester Absicht gehandelt hätten. Sie bedankte sich dafür. Dass sie auch noch sehr jung und unerfahren war und ihr das Leben auf dem Hof fremd vorkam.

Dann fragte sie ihre Schwiegermutter, was sie sich damals gewünscht hätte. Überraschenderweise waren sich ihre Wünsche gar nicht so unähnlich. Eigenständig handeln und ernstgenommen werden. Während des Gesprächs wurde den Schwiegereltern klar, dass sie sich nicht anders verhalten haben als ihre eigenen Eltern damals. Das, was kaum einer möchte.
Simone hatte sich im Vorfeld genau überlegt, wie sie sich das Zusammenleben vorstellte. Das sagte sie ihren Schwiegereltern auch. Es wurden neue Absprachen getroffen und Grenzen gesetzt. All das regelte das Zusammenleben und machte es sehr viel einfacher.
Simone konnte das Verhalten ihrer Schwiegereltern jetzt viel besser nachvollziehen. Wenn es im Alltag wieder eine Übergriffigkeit gab, hatte sie eine Möglichkeit, damit umzugehen, z.B. indem sie sagte: „Okay, für dich mag das Verhalten jetzt in Ordnung sein. In meiner Welt ist es das nicht. Und ich möchte, dass du das respektierst. Ich respektiere, dass du mich nicht verletzten oder mir wehtun wolltest."
Simone hat gelernt, ihre eigene Landkarte und die Landkarte ihrer Schwiegereltern zu akzeptieren. Sie hat ihren eigenen Wert und ihre eigene Richtigkeit erkannt. Dadurch haben sich ihre inneren Überzeugungen und der Filter ihres RAS verändert.
Zu Beginn unserer Arbeit fühlte sie sich machtlos. Mit dem Wissen, das sie bekommen hat, konnte sie ihr Leben so verbessern, wie sie es sich nicht zu träumen gewagt hatte.

Sei du die Veränderung, die du dir wünscht

Das Wissen um die je eigenen Landkarten aller Menschen und um die Richtigkeit jeder Landkarte hilft, gelassener mit

Konflikten und schwierigen Situationen umzugehen. Du kannst in der Liebe bleiben. In erster Linie in der Liebe zu dir – weil es nichts über dich und deinen Wert aussagt, wenn jemand anderes an dir oder deinem Verhalten zweifelt. Du kannst in der Liebe zu deinem Gegenüber bleiben. Weil du jetzt weißt, dass es „nur" seine Sicht der Dinge ist, die für dein Gegenüber richtig ist.

Wenn jemand anfängt, dir zu diktieren, wie etwas zu tun oder nicht zu tun ist, steht oft eine ganz große Angst dahinter: die Angst um die eigene Wertigkeit.

Was würde es denn über diesen Menschen aussagen, wenn das, was er oder sie immer getan hat, auf einmal überholt ist? Wenn die eigene Meinung nicht mehr gefragt ist? Das ist schwer auszuhalten. Denn viele fühlen sich nur dann wichtig, wenn ihre Meinung gefragt ist und sie Einfluss haben.

Und für manche Menschen ist es zu schwer loszulassen. Sie halten lieber an ihrer Sicht der Dinge fest, statt sich zu öffnen für die vielen tollen Möglichkeiten, die es gibt.

Für diese Art hatte ich lange Zeit wenig Verständnis. Ich fand es so absurd. Doch dann fiel mir auf, dass ich in dem Moment nichts anderes tue als sie: Ich beurteile und bewerte. Also habe ich meine Denkweise geändert. Ich habe meine Gedanken, die voller Unverständnis und Ablehnung waren, losgelassen und verändert. Heute verurteile oder bewerte ich nicht. (Ich gebe mir jedenfalls große Mühe und auch ich lerne weiter). Heute tue ich etwas völlig anderes.

Wenn wir uns frei machen können von unseren Vorverurteilungen, von unseren Bewertungen, dann erlangen wir die höchste Freiheit, die es gibt. Deshalb habe ich mein Verhalten grundlegend geändert. Wenn ich mich in einer Situation begrenzt, verletzt, ignoriert oder nicht so wichtig genommen fühle, atme ich tief durch und dann sende ich diesen Menschen meine ganze Liebe. Aufrichtige Liebe. Aufrichtiges Mitgefühl. Ich sende ihnen genau das, was ich mir so wünsche. Dadurch werde ich zu der Veränderung, die ich mir wünsche.

Weißt du, was du dir im Kontakt mit deinen Mitmenschen wünschst?

Bei mir sind es: Liebe, Verständnis, Mitgefühl, Akzeptanz.

Also sende ich in meinen Gedanken genau diese Werte zu den Menschen, die sie mir nicht geben können. Zu den Menschen, die mich verletzt haben. Die mich verurteilt haben. Die mich beurteilt haben. Die versucht haben, mir einzureden, ich wäre nicht richtig.

Warum ich das tue? Indem ich meine Gedanken und Gefühle ändere, verändere ich auch meine Frequenz. Meine Energie und meine Schwingung verändern sich. Dadurch sende ich in 60 bis 100 Billiarden Zellen eine andere Energie. Und was wir aussenden, kehrt zu uns zurück.

Was wir aussenden, kehrt zu uns zurück
Was denkst du, wie du mit jemanden umgehst, dem du Liebe und Mitgefühl schickst oder demgegenüber du Groll und Unverständnis hegst?
Es ändert deine Wertigkeit.
Es ändert deine Einstellung.
Es ändert DICH.
Du kommst raus aus deinen alten Mustern. Der Drang „Recht zu haben" verschwindet augenblicklich. Ist das nicht großartig? Ich feiere das so. Jeden Tag.
Glaubst du, in meiner turbulenten Familie gibt es keine Auseinandersetzungen mehr? Aber hallo, hier wohnen fünf sehr willensstarke Persönlichkeiten. Meinst du, ich bin mit allem, was mein Mann tut oder meine Kinder tun einverstanden? Weit gefehlt. Meinst du, ich bin mit allem, was unser Umfeld so sagt oder tut, immer einer Meinung? O nein. Aber weil sich meine Grundeinstellung in den letzten sieben Jahren um 180 Grad gedreht hat, gehe ich viel entspannter mit „Konfliktsituationen" um. Ich kann viel offener mit anderen Meinungen umgehen. Ich kann mich auch viel leichter distanzieren und zu meiner Meinung stehen. Egal, ob jemand anderes das versteht oder nicht.

Wie du deine Frequenz ändern kannst
Um deine Frequenz zu ändern, mach dir als Allererstes bewusst:

- Deine Sicht der Dinge ist wie eine Landkarte. Sie ist absolut richtig. Genauso, wie du genau richtig bist. Die Landkarte deiner Mitmenschen ist auch richtig.

- Diskussionen bedeuten, dass du dein Gegenüber von der Richtigkeit deiner Landkarte überzeugen möchtest. Oder er dich.
- Bei Sätzen, die ein „Aber" enthalten, höre genau hin. Daran merkst du, wenn jemand unbedingt an seiner Geschichte festhalten möchte.
- Schenke den Menschen, mit denen du nicht einer Meinung bist, die dich vielleicht verletzt, bewertet oder ausgegrenzt haben, deine Liebe, dein Mitgefühl und deine Zuversicht.
- 💬 *Sei du die Veränderung, die du dir von dieser Welt wünschst.* (Mahatma Gandhi)

An dieser Stelle spüre ich oft Widerstand bei meinen Klientinnen. Vielleicht fühlst du dich auch noch nicht bereit, einfach so alles fallen zu lassen. Allen Widerstand, allen Groll, alle Wut. Dafür sind deine Wunden zu tief. Du hast so viel einstecken müssen. Und jetzt komme ich dir mit Liebe und Verständnis. Dein Ego möchte so gerne Recht behalten. Es möchte, dass die anderen schuld sind. Aber hier gibt es keine Schuld. Das ist vollkommener Blödsinn. Schuld ist etwas, was dir dein Ego gerne erzählt. Weil es so einfach ist. Damit gibst du die Verantwortung ab. Und Verantwortung ist etwas, was es meiner Meinung wirklich gibt.

In dem Beispiel von Simone hast du gesehen, wie Simone ihre Verantwortung abgegeben hat. Sie hat die „Schuld" ihren Schwiegereltern zugeschoben. Sie ist in ein Ohnmachtsgefühl gekommen. In dem Moment, als Simone die Verantwortung für ihr Leben wieder übernommen hat, konnte sie klären, was sie überhaupt wollte. Sie hat aufgehört, ihre Schwiegereltern als „Schuldige" zu sehen.

Und gleichzeitig gibt es Verletzungen, die man nicht einfach so vergessen kann. Die haben so wehgetan. Es ist wie ein Stachel. Immer wieder piekst es. Man kommt nicht zur Ruhe. Wenn man diese Menschen sieht, ist man sofort wieder in dem Film.

Die folgende Strichmännchen-Übung empfiehlt sich, wenn es noch eine offene und emotionale Verbindung gibt, aus der man sich emotional lösen möchte.

Strichmännchen-Technik von Jacques Martel (Bernier & Lenghan, 2017)

Werde dir zuerst klar, von wem oder was du dich lösen möchtest. Das kann eine Person, eine Situation oder eine Emotion sein. Es muss nicht einmal eine unangenehme sein. Es funktioniert auch, wenn du dich zu sehr verbunden fühlst. Denn oft kann Loslassen einer Liebe guttun.
So kannst du dich von jemanden lösen, der dich belastest. Aber auch von jemanden, den du sehr liebst. Wenn du offen werden möchtest für neue Impulse. Das Lösen dieser energetischen Verbindungen ist immer positiv. Es kann nichts Schlechtes bewirken.

Schritt 1: Du malst Strichmännchen 1, also dich selbst
Zeichne dich selbst auf die linke Seite eines Blattes. Und zwar in Form eines Strichmännchens. Es ist wichtig, dass dein Männchen immer auf der linken Seite steht. Darunter schreibst du deinen Vor- und Nachnamen.

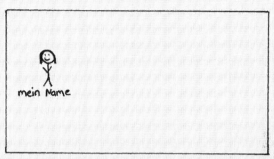

Schritt 2: Du malst Strichmännchen 2 oder die Situation
Auf die rechte Seite malst du die andere Person. Auch wieder als Strichmännchen mit vollem Namen darunter. Oder ein Rechteck für die Situation. Und beschreibe diese mit den damit verbundenen Gefühlen. Bei Emotionen zeichnest du dich und schreibst diese darunter. Während du ihr positives Gegenstück unter dein linkes Männchen notierst.

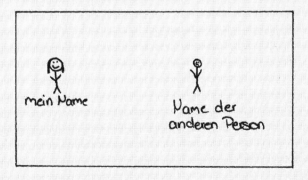

Schritt 3: Lichtkreis 1

Male um dich selbst herum einen Lichtkranz, also einen Kreis mit Lichtstrahlen nach allen Seiten. Dabei sendest du

einen Wunsch ans Universum. „Das Beste geschieht für mich, was immer das auch sein mag."

Schritt 4: Lichtkreis 2

Dasselbe machst du um die andere Person oder die Situation. Aber auch um dein zweites Männchen mit der belastenden Emotion. Wieder mit einem Wunsch ans Universum. „Das Beste geschieht für die andere Person, die Situation ..."

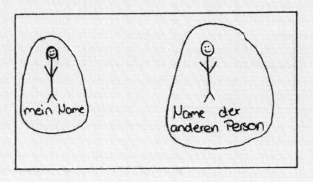

Schritt 5: Gesamt-Lichtkreis
Nun male um dich und dein Gegenüber einen großen Lichtkreis mit Lichtstrahlen! Und setze die Absicht. „Das Beste für uns beide, was auch immer es sei."

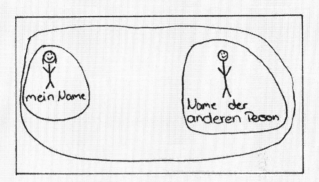

Schritt 6: Energetische Verbindungen
Dann markiere die sieben Haupt-Chakren mit jeweils einem Punkt. Und verbinde sie miteinander.

- Wurzel-Chakra im Dammbereich
- Sakralchakra im Unterleib
- Solarplexus beim Bauchnabel
- Herzchakra in der Mitte des Brustkorbes
- Kehlkopf-Chakra beim Kehlkopf
- drittes Auge zwischen den Augen
- Kronenchakra auf dem höchsten Punkt des Kopfes

Du zeichnest also vom linken Strichmännchen die Verbindungslinien zum rechten. Diese Linien repräsentieren die Disharmonien.

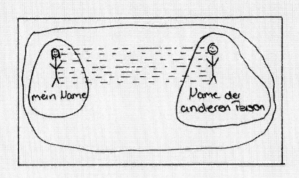

Schritt 7: durchschneiden
Nun nimm deine Schere und schneide diese Verbindungslinien bewusst durch. Dabei sage möglichst laut. „Danke, es ist erledigt!"

Und danach fühle tief in dich hinein.

Es gibt noch eine Besonderheit: Die Strichmännchen-Technik funktioniert auch „im Blindflug". Wenn du also gar nicht weißt, woran du arbeiten musst oder was genau es zu integrieren gilt. Denn es reicht die Absicht, eine Veränderung zu erzielen, und die Bereitschaft, das Ergebnis zu akzeptieren. Wann immer du die Strichmännchen-Technik anwendest, tut sich etwas. Weil du damit einen Befehl an dein Unterbewusstsein aussendest und dieses dann daran arbeitet. Weil es diese positive Veränderung in dein Leben bringen möchte.

Dafür ist jedoch eine offene Haltung nötig. Und die Absicht, das Beste für dich und andere zu erreichen. Mit diesem Fokus können Wunder geschehen.

Manchmal sieht es so aus, als würde sich im Außen gar nicht viel ändern. Was jedoch häufig gar nicht stimmt. Denn oft werden dir die Veränderungen nur nicht bewusst. So verhilft dir die Strichmännchen-Technik zu mehr Selbsterkenntnis und den nächsten Schritten in deiner Persönlichkeitsentwicklung.

Was der Säbelzahntiger mit unserem Stress zu tun hat

Wenn der Körper rebelliert

„Es sagte die alte Heilerin der Seele:
Nicht dein Rücken tut weh, sondern die Last.
Nicht deine Augen schmerzen,
sondern die Ungerechtigkeit.
Nicht dein Kopf schmerzt, sondern deine Gedanken.
Nicht die Kehle, sondern das,
was du nicht ausdrückst oder mit Wut sagst.
Nicht dein Magen tut weh,
sondern was die Seele nicht verdaut.
Nicht die Leber schmerzt, sondern die Wut.
Nicht dein Herz tut weh, sondern die Liebe.
Und es ist die Liebe selbst, welche die
mächtigste Medizin beinhaltet."

-- Ada Luz Marquez --
(Marquez, 2017)

Ute kam auf Empfehlung ihres Hausarztes zu mir. Sie hatte einen wahren Leidensweg hinter sich und war überhaupt nicht begeistert, dass sie als „Psycho" abgestempelt worden war. In unserem ersten Gespräch erzählte sie von ihren „Baustellen." Sie hatte Herzprobleme, angefangen von Rhythmusstörungen bis zu einem Herzinfarkt, der nur durch Zufall diagnostiziert wurde. Dann wurde bei Blutuntersuchungen festgestellt, dass sie an Rheuma erkrankt war. Dazu kamen noch Asthma und ein Reizdarm-Syndrom. Ich schaute sie an und sah eine sportliche, schlanke und attraktive Frau. Diese Krankheiten, die Symptome und die Angst machten dieser Frau verständlicherweise so zu schaffen. Und sie saß vor mir, weinend, weil sie so Angst hatte, als psychisch krank abgestempelt zu werden.

Körperliche Symptome und auch Krankheiten haben meiner Meinung nach oft ihren Ursprung in der Psyche. Auch da verweise ich auf die Louise Hay, die viele ungünstige Denkmuster körperlichen Erkrankungen zugeordnet hat.

Ich bat Ute, mir von ihrem Leben zu erzählen. Sie ist glücklich verheiratet. Hat zwei tolle Kinder. Klar gibt es mal Streit und Probleme, aber nichts Dramatisches. Sie führt eine Firma. Aus dem Nichts heraus hatte Ute eine Idee und diese auch umgesetzt. Erst war es nebenberuflich, doch die Idee kam so gut an, dass die Firma wahnsinnig schnell gewachsen ist. Mit dieser Entwicklung hat Ute gar nicht gerechnet. Sie hat mittlerweile Angestellte und einen Umsatz im siebenstelligen Bereich. Ihr kommt das alles etwas unwirklich vor, weil sie ihre Arbeit selber nie so wertvoll eingestuft hätte. Ihr Mann unterstützt sie sehr. Er kann halbtags von zu Hause aus arbeiten und ist dann für die Kinder da.

Utes Erfolg führte auch dazu, dass sie sich einen guten Lebensstandard leisten können. Tolle Autos, eine Ferienwohnung in Südfrankreich und eine auf einer niederländischen Nordseeinsel.

Ute war total glücklich – wenn ihr Körper nicht wäre.

Ich fragte sie nach ihrem Alltag. Es klang wirklich toll: Ute ernährt sich gesund, hat Zeit für Sport, auch Zeit, mal nichts zu tun. Von daher verstand sie überhaupt nicht, was mit ihrem Körper los war. Es hörte sich wirklich gut an, dennoch hatte ich die ganze Zeit das Gefühl, es wartet ein großes „Aber".

Und es kam auch. Es lautete: „Ich grübele so viel. Ich kann nachts oft nicht schlafen, weil mir die Firma im Kopf rum geht oder weil ich mir Gedanken darüber mache, dass ich das alles nie wieder verlieren möchte."
Ich fragte nach: „Wovor hast du Angst?"
Und dann brach es aus ihr heraus: Ute war in einer „sozial schwachen" Familie aufgewachsen. Sie hat fünf Geschwister, die Mutter ist sehr früh verstorben, der Vater war mit der Situation überfordert. Aufgrund seines Kummers griff der Vater zur Flasche und verlor deswegen irgendwann seinen Job. Also war nie wirklich Geld da. Die Kinder mussten früh Verantwortung übernehmen und arbeiten. Sie hatten oft Hunger – etwas, was sich viele in der heutigen Zeit gar nicht vorstellen können.
Nach diesem Bericht schaute sie mich entschlossen an und sagte: „Das will ich nie, nie wieder erleben. Und meine Kinder auch nicht."
Alte Prägungen waren es also, die Ute gehindert haben, ihren Erfolg zu genießen. Denn sie hatte viel zu viel Angst, alles wieder zu verlieren. Ihr ganzer Körper war im Dauerstress. Dass Stress krank macht, war Ute bekannt. Deshalb ernährte sie sich ja so gesund, deshalb machte sie Sport. Was ihr aber nicht bewusst war: dass ihre unbewussten Gedanken die Macht hatten, ihren Organismus gar nicht mehr zur Ruhe kommen zu lassen.
Innerhalb kürzester Zeit hatte sie einen enormen Gewinn erwirtschaftet. So eine Geldsumme zu besitzen, das erfordert auch ein gewisses Mindset – wenn du Millionen besitzt, dann denk auch wie ein Millionär. Das hat Ute nie gelernt. Sie ist da so reingerutscht. Und ihre Ängste und Sorgen, ihre Befürchtungen und auch der Leistungsdruck, unter dem sie stand, manifestierten sich in ihrem Körper. Auf ihre Seele hat

sie nun mal nicht gehört. Sie hat sich nicht hingesetzt und ausgeruht. Sie hatte auch gar keine Technik, die ihr wirkliches Entspannen ermöglicht hätte. Immer drehten sich ihre Gedanken im Kreis: Was sie alles noch tun muss ... woran sie denken muss ... was noch wichtig ist ... was sie verbessern könnte ... wie sie sich um die Mitarbeiter*innen kümmern könnte.

Und diese Gedanken kamen vorzugsweise dann, wenn es im Außen ruhiger wurde. Man kann das sehr gut mit Zahnschmerzen vergleichen. Wenn du den ganzen Tag unterwegs bist, wenn du abgelenkt bist durch das Außen, dann spürst du sie gar nicht mehr. Es mag noch etwas zwicken, aber der Besuch beim Zahnarzt relativiert sich. Doch abends, wenn du im Bett liegst und die Gespräche verstummen, dein Handy aufhört zu piepen und der Fernseher aus ist, dann merkst du den Schmerz. Und in diesem Falle die Gedanken. Dann kommen diese Stimmen mit aller Macht hoch. Denn es gibt nichts mehr, was dich davon ablenkt.

Jetzt nehmen die Seele und die innere Stimme ihren Raum ein. Doch Ute wollte sie nicht hören. Sie lenkte sich weiter ab: Hörspiele, Musik, Fernsehen zum Einschlafen. Also hat sie ihrer Seele, ihren Ängsten und ihren Befürchtungen wieder keinen Raum gegeben. Doch unbewusst waren sie in vollem Gange.

Das Schöne an meiner Arbeit ist, zu sehen, wie sich Menschen verändern, entfalten und zu ihrem wahren Potenzial finden. Das ist nämlich alles schon vorhanden. Ich brauche nichts hinzufügen. Sie bringen alles mit, was sie brauchen. Bei Ute war es genauso. Sie hat eine total krasse Entwicklung gemacht.

Die ersten Schritte waren etwas umfangreicher. Sie bekam die Hausaufgabe, eine halbe Stunde am Tag nichts zu tun.

Keine Musik hören, nicht schlafen, weder Handy noch Fernsehen, auch nicht lesen. Einfach nur sitzen oder liegen.

Die goldene halbe Stunde

Nimm dir jeden Tag 30 Minuten, in denen du nichts tust. Setze dich entspannt hin oder lege dich hin. Leg das Handy zur Seite, lass den Fernseher und das Radio aus. Und lass einfach deine Gedanken kommen und gehen.
Das ist eine sehr machtvolle Übung. Sie hilft unserem Organismus, wieder runterzufahren.

Wie entsteht Stress?

Wenn du dich schon einmal mit dem Thema Stress auseinandergesetzt hast, weißt du vielleicht, dass unser vegetatives Nervensystem dabei die entscheidende Rolle spielt.
Atmung, Herzschlag, Gehirnleistung, Verdauung, Sexualorgane, Muskeltonus – sie werden alle vom vegetativen Nervensystem gesteuert. Das ist großartig, denn müssten wir ans Atmen und den Herzschlag denken, damit es funktioniert, ich schätze, wir wären längst ausgestorben. Also hat sich die Natur etwas Fantastisches ausgedacht: Die lebensnotwendigen Systeme funktionieren, ohne dass wir uns bewusst darum kümmern müssen.
Dieses Phänomen ist ja nicht neu, das gab es schon in der Steinzeit. Stell dir vor, du sitzt am Lagerfeuer. Das Mammut ist gegessen, dein Körper verdaut gerade. Plötzlich raschelt es im Gebüsch. Was passiert dann? Als erstes erkennt dein Körper das Rascheln im Gebüsch: Es könnte ein Säbelzahntiger oder ein anderer Feind sein. Innerhalb eines Augenblicks fällt die Entscheidung: Kampf oder Flucht. Der Körper schickt eine ordentliche Ladung Adrenalin los, das bewirkt, dass sich deine Muskeln anspannen. Und zwar nicht im kleinen Finger, sondern in deinen Oberschenkeln, im Gesäß, im unteren Rücken, im Nacken. Das sind die Bereiche, die wichtig sind, wenn du schnell wegrennen musst. Dann beschleunigen sich Atemrhythmus und Herzschlag. Die Verdauung des Mamuts muss jetzt warten, denn dein Körper hat im Stress keine Ressourcen, um zu verdauen. Die Pupillen fokussieren sich, weil es jetzt nicht wichtig ist zu sehen, was direkt vor dir liegt, sondern möglichst genau in das Gebüsch zu schauen. Das Gehirn fokussiert sich auch. Es ist im Stress nicht möglich, auf alle

Bereiche und auf alle Ressourcen die das Gehirn hat, zugreifen zu können. (Bestes Beispiel: ein unvorbereitetes Gespräch mit dem Chef und im Nachhinein denkt man sich, hätte ich doch mal das noch gesagt, und dies noch ... es fiel einem in der Situation einfach nicht ein.) Der Körper ist also in allerhöchster Alarmbereitschaft – bis zu dem Moment, wo aus dem Gebüsch nicht der Tiger, sondern das Kaninchen kommt.

Der Säbelzahntiger ist ausgestorben. Selbst gewöhnliche Tiger sind in unseren Regionen eher unwahrscheinlich. Die Situationen, die Stress auslösen, haben sich verändert. Statt mit einem Säbelzahntiger sind wir heute konfrontiert mit:

- Leistungsdruck
- ständige Erreichbarkeit
- private Probleme
- Zugverspätungen
- Ärger mit den Kollegen
- EDV-Probleme
- Termindruck
- Informationsflut
- Störungen
- Veränderungsprozesse
- Stau
- Lärm

Aber unsere körperlichen Reaktionen sind immer noch dieselben! Puls, Blutdruck, Blutzucker, Muskelspannung, Atemfrequenz und Stresshormone steigen an.
(Granovsky, 2018)

Der normale Stressablauf

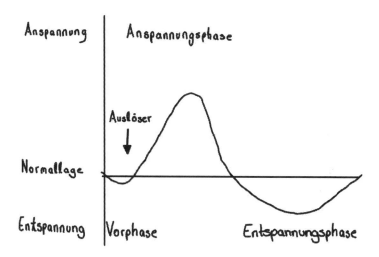

Die moderne Stressreaktion.

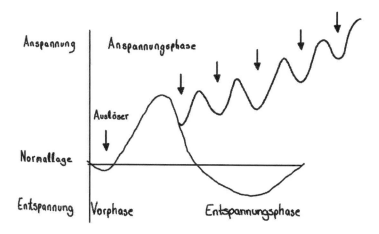

Welche Folgen Stress haben kann

Wie man an der oben stehenden Grafik gut erkennen kann, führt Dauerstress dazu, dass der Körper überhaupt nicht mehr in seine Entspannungsphase zurückkommt. Während kurzfristiger Stress eine normale Reaktion ist, mit der wir gut klarkommen, hat Dauerstress schwerwiegende Folgen auf mehreren Ebenen. (Kaluza, 2018)

Körperliche Folgen:

- Schwindel
- Herz- und Kreislaufbeschwerden
- Kopf-, Nacken- und Rückenschmerzen
- Magen-Darm-Beschwerden
- Sodbrennen
- Muskelkrämpfe
- Schlafstörungen

Kognitive Folgen:

- Konzentrationsschwierigkeiten
- Vergesslichkeit
- Denkblockaden
- Gedankenkreisen
- Nicht abschalten können

Emotionale Folgen:

- Lustlosigkeit
- Unzufriedenheit
- Reizbarkeit
- Gefühle von Überforderung
- Hilflosigkeit und Hoffnungslosigkeit
- Ängste

Folgen im Verhalten

- Rastlosigkeit
- Antriebslosigkeit
- sexuelle Probleme
- Neigung zu Unfällen
- Frustessen
- erhöhter Suchtmittelkonsum (Alkohol, Spiele, Nikotin)
- sozialer Rückzug

Ute war ihr Dauerstress gar nicht bewusst. Sie hat es auch überhaupt nicht so empfunden. Doch auch wenn wir den schnellen Herzschlag nicht spüren, ist er dennoch da! Als sie sich die Auflistungen angeschaut hat, wurde ihr klar, dass ihr Körper kurz davor war, unter dem Dauerstress zusammenzubrechen.

Also haben wir gemeinsam ihre Stress-Tiger gesucht. Zum einen war es ihre Dauererreichbarkeit. Sie hat ständig nach dem Handy gegriffen um in ihren E-Mails zu checken, ob es neue Verkäufe gab. Auch die Informationsflut auf ihrem Handy in Form von WhatsApp-Gruppen hat sie sehr belastet. Ich mag es persönlich ja nicht, meinen Klient*innen vorzuschreiben, was sie tun dürfen und was nicht. Deshalb fragte ich, wie sie sich besser fühlen würde. Sie hat sich selber Handy-Zeiten gegeben. Von 20.30 bis um 7 Uhr schaltete sie das Handy aus. Sie hat diverse Gruppen auf stumm geschaltet. In Facebook hat sie sortiert, vom wem sie überhaupt noch Benachrichtigungen sehen möchte.

Stressmuster auflösen

Ute standen alte Muster und Prägungen im Weg. Sie hatte, innere Glaubenssätze, die sie klein hielten. Diese haben es verhindert, dass sie ihren Erfolg genießen konnte. Durch die kinesiologische Arbeit kamen wir ihren Glaubenssätzen auf die Spur. Es waren Glaubenssätze wie:

- Genug ist nicht genug.
- Erst die Arbeit, dann das Vergnügen.
- Nicht geschimpft ist Lob genug.
- Egal, was du auch jetzt hast, nichts ist sicher.
- Du verlierst alles wieder.

Diese Glaubenssätze waren ihr einfach nicht dienlich. Sie haben sie klein gehalten und sie kam nicht in den Genuss.

Um diese Glaubenssätze aufzulösen, nutzen wir eine sehr wirksame Methode: die Hypnose. In der Hypnose wird das oft hinderliche Ego, das sofort mit Einschränkungen kommt, mit Entspannung beschäftigt. Es ist ein wunderschöner und angenehmer Zustand. Das Unterbewusstsein ist sehr aktiv und nimmt die Worte des Hypnotiseurs genau auf. (Natürlich: Sobald der*die Hypnotiseur*in etwas sagt, was der*die Klient*in nicht will oder wo das Unterbewusstsein Gefahr wittert, reagiert es sofort.)

Ich löste also unter Hypnose Utes alte Muster. Und dann bekam ihr Unterbewusstsein neue Anweisungen. Damit das funktioniert und Ute sich wirklich darauf einlassen konnte, haben wir diese neuen Anweisungen im Vorfeld besprochen und abgestimmt. Denn Hypnose setzt Vertrauen voraus.

Ute machte eine tolle Verwandlung durch. Sie nahm die Zeichen ihres Körpers wieder wahr. Weil sie ihre persönlichen Stress-Tiger erkannte und sich viel mehr Erholungsphasen gönnte, kam ihr Körper aus der Daueranspannung und wieder in den Erholungsbereich. Das hatte tiefgreifende Folgen für sie: Ihre Rheuma Werte verbesserten sich, das EKG war unauffällig, die Verdauung normalisierte sich.

Dies waren alles Botschaften ihres Körpers, der mit der Dauerbelastung nicht zurechtkam. Wieso sollte er auch? Unser Körper ist nicht dafür gemacht, im Dauerstress zu sein. Wenn wir im Flow sind, dann gehören zu allen Aufs auch Abs. Belastung und Entspannung – ein Kommen und Gehen, wie die Wellen im Meer. Gefährlich wird es, wenn es keine Erholungsphasen mehr gibt. Da Ute ihre Erholungsphasen jetzt auch real genießen konnte, konnte sich ihr Körper regenerieren.

Sich Reichtum erlauben

Wenn man jemanden fragt, was er oder sie sich wünscht, lautet die Antwort oft: „Ich hätte gerne so viel Geld, dass ich mir leisten kann, was ich möchte." Doch wie kommt man nur zu viel Geld? Die erste Antwort lautet meistens: „Durch harte Arbeit."

Okay, wenn das stimmt, warum haben dann Kassiererinnen, Putzleute, Mechaniker usw. nicht viel Geld? Denn sie arbeiten schließlich sehr hart! Warum gibt es dann Country Clubs? Golf Clubs? Wo mitten am Tag, bei schönstem Wetter sehr wohlhabende Menschen ihre Zeit verbringen? Also geht diese Theorie nicht auf.

Womit verdienen wir denn unser Geld? Mit etwas, was wir gut können? Oder vielleicht auch noch mit etwas, was Spaß macht? Ute kam es gar nicht so vor, als würde sie schwer arbeiten. Sie liebte das, was sie da tat. Sie war im Flow. Bis zu dem Zeitpunkt, als der Erfolg kam. So viel Geld. Für sie.

Das kollidierte völlig mit ihrem eigenen Selbstwert. So viel Geld war sie wert? Da kam sie schon ins Schlucken. Dabei hatte sie noch nicht mal studiert oder in dem Bereich eine Ausbildung gemacht. Sie hat es einfach getan. Und sie war großartig.
Aber sie begann, ihren Erfolg zu „zerdenken". Ihre Selbstzweifel kamen und zermürbten sie. Wie konnte sie es so leicht haben? Wie konnte sie so einen Erfolg haben? Wie konnte sie so einen Gewinn haben? Wenn man doch an ihre Herkunft denkt. Oder welche Ausbildung sie gemacht hat. Oder wie schwer es ihre Eltern und Geschwister hatten. Und Ute? Ja, man kann doch nicht alles haben. Sie hat ja schließlich auch noch Kinder und einen Mann. Also irgendeinen Haken muss es ja geben. Das ist doch alles zu schön, um wahr zu sein. Was ein Glück, dass ihr Körper da rebelliert hat. Das wäre ja sonst auch ein zu schönes Märchen gewesen!

Vielleicht fragst du dich jetzt, was ich damit meine. Ihr Körper leidet doch unter ihrem hohem Stress Pensum! Wenn du bis hierher gelesen hast, weißt du ja, wie viel Einfluss unser Unterbewusstsein auf unser tägliches Tun und Sein hat. Du weißt auch, dass unsere Gedanken unsere Realität erschaffen. Welche Realität wird also durch Utes Glaubenssätze geschaffen?

Genau: Eine Realität, die zu schön ist, um wahr zu sein. Also schaffen wir uns Haken. Ja, wir sind unsere eigenen größten Saboteure.

Deshalb war es für Ute so wichtig, sich aus alten Mustern und der Opferrolle zu befreien. Sie ist in den Optimismus gegangen und hat ihre Stärken optimiert. Sie hat ihre Herkunft akzeptiert und sich frei gemacht für ihre Zukunft.

Der Grübel-Stuhl

Wenn Ute nachts wach wurde und gegrübelt hat, setzte sie sich auf den Grübel-Stuhl. Das ist eine wunderbare Methode, um sich im Bett nicht hin und her zu wälzen und zu grübeln. Oder irgendwo anders zu grübeln.

Grübeln ist ja okay. Es ist wichtig, auch den Gedanken Gehör zu schenken. Nur, es bringt einen nicht weiter. Aber etwas nicht mehr haben zu wollen, ist wenig konstruktiv. Also empfehle ich allen Klient*innen, die das Problem haben, zu viel zu grübeln, einen Grübel-Stuhl aufzustellen. Er sollte möglichst unbequem sein und an einem weniger gemütlichen Ort stehen. Dort darf nach Herzenslust gegrübelt werden. Aber nur da!

Wenn man also im Bett liegt und grübelt, fällt es einem auf. Dann steht man auf, setzt sich auf den Grübel-Stuhl und dort darf man weiter grübeln. Doch wer hat schon Lust, sich mitten in der Nacht auf einen unbequemen Stuhl an einen ungemütlichen Ort zu setzen? Also entscheiden sich die meisten dafür, dass jetzt nicht gegrübelt wird. Ja, es ist wirklich so einfach, wie es sich anhört!

Wie du an Utes Beispiel sehen kannst, ist alles möglich. Sie hatte diagnostizierte schwere Erkrankungen. Die sind auch nicht weg, aber Ute hat sich entschieden, dass sie diese Krankheiten trägt und nicht die Krankheit sie. Sie hat sich entschieden, ihre Gesundheit zu fördern. Das ist ein großer Unterschied: ob ich eine Krankheit lindern oder Gesundheit fördern möchtest. Sie konzentriert sich auf das, was gut läuft. Was sie kann. Was sie verändern kann. Dadurch macht das die Diagnosen nicht wirkungslos. Doch der Umgang damit ist einfach ein anderer. Wenn du dich entscheiden müsstest, ob du glücklich oder unglücklich sein möchtest, wozu würdest du dich entscheiden? Vermutlich fürs Glücklichsein. Dann akzeptiere dein Glück! Ute hat, unbewusst natürlich, Haken gesucht, warum das alles nicht so sein kann.

Heute akzeptiert sie ihr Glück und lebt viel entspannter. Sie hat ihre Wochenarbeitszeit reduziert und gelernt zu delegieren. Und sie hat Menschen gefunden, die sie unterstützen. Sie hat akzeptiert, dass der Reichtum ihr große Möglichkeiten eröffnet. Zum Beispiel unterstützt sie eine örtliche Hilfsorganisation, die Kindern hilft, die unter ähnlich Bedingungen aufwachsen, wie sie selbst aufgewachsen ist. Sie tut mit ihrem Geld viel Gutes – auch sich selbst. Und das ist sie sich wert.

Grenzen setzen – Nein sagen

Kennst du das auch? Du wirst gefragt, ob du etwas tun kannst, und obwohl du „Nein" sagen möchtest, sagst du „Ja"? Und wenn du klar „Nein" sagst, begleiten dich Schuldgefühle und das schlechte Gewissen? Denkst du über dich, dass du wirklich schlecht „Nein" sagen kannst?
Ich war lange Zeit meines Lebens eine notorische Ja-Sagerin. Egal, wie viel ich zu tun hatte, egal, was drum herum passierte: Ich habe keine Grenzen gesetzt.
Bei der Frage, wer noch einen Kuchen backen kann, habe ich laut „Hier!" geschrien.
Bei der Frage, ob ich Zeit habe, dies und jenes noch zu machen, war ich dabei. Je mehr, desto besser.
Wenn ich heute an diese Zeiten zurückdenke, wird mir echt anders. Ich habe gelernt, meine Grenzen zu akzeptieren und wenn ich Ja sage, dann meine ich das genau so. In diesem Kapitel erkläre ich dir, wie du deine Grenzen kennenlernst und achtest. Ich zeige dir, welches Training du wie anwenden kannst und welche Ergebnisse du damit erzielst.

Wie gehe ich mit meinen Grenzen um?

Da unser Verhalten zum Großteil auf Autopilot eingestellt ist, merken die wenigsten gar nicht, wo sie ihre Grenzen überschreiten oder dass sie aus Gewohnheit Ja sagen. Deshalb bitte ich dich, auch zum Thema „Grenzen setzen" eine Ist-Analyse zu machen. Sei wie eine Spurenleserin in deinem eigenen Leben.
Nimm dir einen Zettel und einen Stift.
Lies dir die Fragen in Ruhe durch und nimm dir Zeit, sie zu beantworten.

- In welchen Bereichen deines Lebens fällt es dir schwer, ein klares „Nein" zu sagen?
- In welchen Bereichen deines Lebens fällt es dir schon leicht, ein klares „Nein" zu sagen?
- In welchen Bereichen deines Lebens fällt es dir schwer, dich abzugrenzen?
- Wo sagst du immer wieder „Ja", obwohl du „Nein" denkst?
- Wo fällt es dir schwer, wirklich „Nein" zu sagen? Sind es deine Kinder? Fällt es dir schwer, deine Bedürfnisse zu akzeptieren und wertzuschätzen, und hast du das Gefühl, deine Kinder müssten an erster Stelle stehen?

- Ist es bei deinem Partner? Ist es für dich einfacher zu sagen „Ja klar, geht schon", als dich auf eine Auseinandersetzung einzulassen?
- Wie sieht es mit deinen Eltern/Schwiegereltern aus? Deinen Geschwistern oder deiner erweiterten Familie?

Manchmal ist Abgrenzung gar nicht so einfach

Anna, 43 Jahre, verheiratet, vier Kinder, Krankenschwester in leitender Funktion, kam zu mir in die Praxis. Ihre eigene Diagnose lautete Burnout. Ehe, Kinder, Beruf – sie bekam kaum mehr Luft. Sie arbeitete viel, weil die Station völlig unterbesetzt war. So viele Kolleg*innen waren ausgefallen, aber die Arbeit war ja da und die Patient*innen mussten versorgt werden. Zu Hause machte sich die Arbeit auch nicht von alleine. Sie hatte ihrem Mann und den Kindern gegenüber ständig ein schlechtes Gewissen. Ihr Mann war selbstständig und über eine 40-Stunden-Woche lachte er. Deshalb wurde ihr schlechtes Gewissen noch größer, als ihr Mann immer mehr im Haushalt und bei den Kindern übernehmen musste. Zeit mit Freundinnen und Freunden oder Zeit alleine verbrachte Anna nicht mehr. Sie konnte sich einfach nicht mehr dazu aufraffen. Wenn sie dann endlich mal die Füße hochlegte, schlief sie direkt ein. Allein der Gedanke, abends noch mal rauszugehen, sich dafür zu duschen, fertig zu machen, löste schon Widerstand aus. So bestand Annas Leben nur noch aus Arbeiten und schlechtem Gewissen.

Wenn das Telefon klingelte, traute sich Anna gar nicht mehr ranzugehen, weil sie Angst hatte, dass es wieder die Station ist und jemand sie bittet einzuspringen. Und: Anna konnte so schlecht Nein sagen. Doch so konnte es nicht mehr weitergehen. Sie merkte, dass sie an einem Punkt in ihrem Leben war, wo sie die Sinnhaftigkeit ernsthaft infrage stellte. Und das machte ihr große Angst. Wie Anna geht es leider vielen Frauen und Männern in sozialen Berufen. Da ich selbst als Krankenschwester gearbeitet habe, weiß ich, wie anstrengend das ist. Ich meine nicht die Arbeit, sondern das Drumherum, das ständige Einspringen zum Beispiel.

Anna steckte sogar noch in einer weiteren emotionalen Zwickmühle. Als stellvertretende Stationsleitung dachte sie, dass sie ihrem Team mit gutem Beispiel vorangehen müsse. Daraus hatte sich ein System entwickelt. Sie wurde als „letzte Option" angerufen. Wenn jemand ausfiel oder für Ersatz gesorgt werden musste, ging bei Anna das Telefon mit der Aussage: „Wir haben jetzt alle schon angerufen, es kann keiner. Du bist unsere letzte Option." Tja, was macht man da? Anna fühlte sich völlig in die Ecke gedrängt. Also willigte Anna ein, zum Arbeiten zu kommen.

Anna wusste, dass es Zeit war, etwas zu tun. Sie merkte, dass sie immer schlechter schlafen konnte. Sie merkte, dass sie unkonzentriert war. Sie hatte Angst, dass ihr Fehler unterlaufen. Auch das Gefühl kenne ich gut. Wenn du als Krankenschwester die Morphindosis falsch berechnest, kann man nicht einfach ein Storno in die Kasse eingeben. Deshalb ist Konzentration wirklich lebenswichtig. Anna merkte, dass ihre Belastbarkeit und ihre Geduld zu Hause minimal waren. Sie konnte die Auseinandersetzungen der Kinder kaum noch aushalten. Das machte sie traurig, weil die Stimmung zu Hause immer schlechter wurde. Was war denn nur aus ihr geworden?

Sie wusste, dass ihr Arzt sie ohne Probleme ein halbes Jahr krankschreiben würde. Doch das wollte sie nicht. Sie wollte lernen, mit dem, was ist, klarzukommen. Sie wollte resilienter werden. Sich besser abgrenzen.

Unsere Arbeit begann mit Entspannung. Es war wichtig für Anna, erst einmal ihre Ressourcen aufzufüllen. Sie kam erst zu mir, um sich eine bewusste Auszeit zu schaffen. Nichts tun, einfach nur relaxen. Das war großartig mitanzusehen. Je öfter Anna, auch zu Hause, die Entspannung trainierte, umso tiefer konnte sie darin einsinken. Anna bekam auch „nur" die Entspannung als Hausaufgabe. Es war sehr wichtig, dass wir erst ihre Kraftreserven füllten und sie aus dem Stressmodus herauskam. Sie merkte, dass sie wieder besser schlafen konnte und auch zu Hause ausgeglichener wurde. Das war ein sehr guter und wichtiger Schritt.

Nachdem sie wieder mehr in ihre Kraft kam, wendeten wir uns dem Thema Grenzen setzen zu. Anna war der Meinung, dass sie so schlecht Nein sagen kann. Da Ja und Nein im direkten Zusammenhang stehen, war das einfach ein Glaubenssatz, der nicht wahr war. Sie sagte so oft „Nein", ohne es zu merken. Sie sagte es ständig zu sich selbst, zu ihrem Mann, zu ihren Kindern. Indem sie zu ihrem Kollegen sagte „Ja, ich komme", sagte sie zu sich selbst: „Nein." Und das war ihr gar nicht bewusst.

Im weiteren Schritt habe ich ihr die Frage nach ihrer Endlichkeit gestellt. Das ist sehr provokant, aber wirkungsvoll. Es ist keine Neuheit, dass wir sterben. Dennoch, wenn wir zum Beispiel die Diagnose einer schweren Krankheit erhalten und die Sterblichkeit plötzlich fühlbar wird, ist es wie eine riesengroße Überraschung. Weil man noch nicht so weit ist. Es gibt noch so viel zu tun.

Als Anna vor mir saß, habe ich sie gefragt: „Wenn du wüsstest, dass du nur noch kurze Zeit zu leben hast, was würdest du tun?" Sie schaute mich mit großen Augen an und wurde

still. Und sie antwortete: „Ich würde ganz viel Zeit mit meinem Mann und meinen Kindern verbringen. Ich würde weniger bis gar nicht mehr arbeiten. Ich würde mir mit ihnen die Welt anschauen. Ich würde noch Bungee springen und ich würde viel mehr Zeit am Meer verbringen."
Und ich sagte zu ihr: „Anna, du *wirst* sterben. Beginne endlich zu leben."

Das war Anna Erkenntnis daraus: Sie ging gerne arbeiten. Ihre Arbeit war ihr wichtig. Aber ihre Familie war ihr wichtiger. Das hatte sie vor lauter Schuldgefühlen und Verantwortungsbewusstsein vergessen.
Nein ist ein vollständiger Satz. Auch das hatte sie vergessen: dass sie sich nicht rechtfertigen muss, warum sie in ihrer freien Zeit nicht einspringen kann.
Anna hat sich aus der moralischen Verantwortung genommen. Auch als Leitung ist sie nicht diejenige, die die Station retten muss. Sie sprach mit ihrer Vorgesetzten und mit der Pflegedienstleitung. In dem Moment, als sie wieder in ihre Kraft kam, konnte sie in die Umsetzung gehen. Aus dem gewohnten und eher „einfachen" Ja ist sie ausgestiegen. Was ihr so wichtig war, nämlich die Station gut zu führen und für ihre Kolleg*innen da zu sein, konnte sie effektiver umsetzen. Es ging nicht darum, dass jetzt einfach jemand anderes mehr

arbeiten muss, sondern dass wirklich gute Lösungen gefunden werden. Doch das konnte erst passieren, als Anna aufgehört hat, ständig Ja zu sagen.

Wie es mit Anna weiterging? Sie hat ihre Reserven wieder aufgefüllt. Sie hat wieder angefangen, ihr Leben zu genießen und achtet darauf, dass ihre Akkus immer wieder geladen werden. Auch heute springt Anna noch hin und wieder ein. Doch vorher stellt sie sich die Frage: „Wenn ich nicht mehr lange zu leben hätte, würde ich dann arbeiten gehen?"

Sie war überrascht, weil sie sich gar nicht mehr bewusst darüber war, dass sie ihren Job liebt und auch Erfüllung in ihrer Arbeit findet. Das war alles verschüttet, weil sie am Ende ihrer Kräfte war. Heute ist Anna im Hier und Jetzt. Sie ist aus dem Hamsterrad ausgestiegen.

Warum es uns so schwer fällt, Nein zu sagen

Den meisten Frauen fällt es wahnsinnig schwer, sich abzugrenzen und ein klares „Nein" zu sagen.

Wir wurden zu „braven Mädchen" erzogen, die sich nicht gegen ihre Eltern auflehnen.

Die immer brav folgen und sich und ihre Bedürfnisse hintenanstellen.

Wir tun für unsere Kinder alles.

Wir geben im Job tausend Prozent.

Wir wollen eine attraktive Partnerin und eine liebevolle Mutter sein.

Wir halten das Kleinunternehmen „Familie" am Laufen.

Wir wollen gefallen.

Wir haben gelernt, dass wir erst etwas tun müssen, um geliebt und geschätzt zu werden. Und dass die, die besonders fleißig sind, auch mehr Anerkennung bekommen.

Ja sagen ist einfacher und bequemer. Da sind vom Umfeld keine Irritationen zu erwarten. Und weil das Leben als berufstätige Frau und Mutter wirklich kein Zuckerschlecken ist, warum sollte man auch noch seine Gewohnheiten ändern? Das ist so anstrengend.

Klar, du ärgerst dich und regst dich über dein hohes Arbeitspensum auf. Du findest, dein Mann könnte ruhig mal merken, wie groß deine Belastung ist. Deine Freundinnen schaffen das ja auch alles mit Links, wieso solltest du das nicht schaffen (zum Thema Vergleichen kommen wir noch).

Du ärgerst dich und bist am Rand deiner Belastbarkeit.

Du machst gefühlt tausend Dinge und klar schaffst du noch mehr.

Natürlich hast du die Kraft. Doch du merkst, dass du es eigentlich nicht möchtest.

Aber anstatt dies deutlich zu kommunizieren, denkst du, dass dein Umfeld das merkt. Die sehen doch, wie hoch deine Belastung ist. Und die haben auch eine Glaskugel, in der steht: „Die (dein Name) meint das „Ja" gar nicht ernst. Sie ist schon so belastet, deshalb wäre es besser, ihr zu sagen, dass sie das nicht zu tun braucht."

So ein Bullshit.

Woher sollen andere wissen, was du dir wünscht? Sie können doch nicht in deinen Kopf schauen.

Klar wäre es toll, wenn die eigenen Kinder sagen: „Oh, Mama sieht heute aber müde aus, die braucht vielleicht mal eine Pause. Wir übernehmen mal das Kochen für sie!" Oder wenn dein Mann von einem Zehn-Stunden-Tag nach Hause kommt und sieht: „Oh, meine Frau hat auch so viel geleistet, ich räume mal das Geschirr in die Spülmaschine statt daneben."

Ja, das wäre wunderschön. Es wäre so hilfreich. Doch kommen wir zur Realität. In meiner Realität sah das etwas anders aus. Ich vermute mal, in deiner Realität auch. Mein Mann war es gewohnt, dass ich den Haushalt gewuppt habe. Meine Kinder waren es gewohnt, dass ich mich um alles gekümmert habe. Meine Freundinnen waren es gewohnt, dass sie sich immer auf mich verlassen konnten. Meine Eltern wussten, dass ich mich kümmere, wenn sie mich anrufen und fragen, ob ich etwas für sie erledigen kann. Und natürlich sind alle davon ausgegangen, dass ich es gerne tue. Für mich galt der Satz: Ellen schafft das schon. Und ich glaube, meine Realität ist der von sehr vielen Frauen sehr ähnlich. GEWESEN. Meine Liebe, an dieser Stelle möchte ich dich wieder an die Geschichte mit der Sauerstoffmaske erinnern. Du rennst durch das Flugzeug und versorgst alle mit Sauerstoff und hoffst dabei, dass an dich schon noch jemand denken wird.

Natürlich denken deine Lieben an dich. Nur, woher sollen sie denn wissen, was du noch schaffst und was nicht? Sie können genauso wenig wie du in die Kristallkugel sehen. Da braucht es schon ein bisschen mehr. Wie sehr du es auch drehst und wendest: Du kommst immer wieder zu dem Punkt zurück, dass du selbst verantwortlich bist.

Nein sagen, Grenzen ziehen. Da kommen viele Frauen leicht ins Schwitzen. Das hat mit der Erziehung und den Prägungen zu tun. Überlege einmal, wie du aufgewachsen bist. Das Wort von deinen Eltern war Gesetz? Wenn du Nein gesagt hast, spätestens in der Pubertät, warst du „schwierig"? Oder bockig? Wurdest du dann in dein Zimmer geschickt und mit Liebesentzug bestraft?

Ich bin 1980 geboren. Meine Eltern waren schon revolutionär im Gegensatz zu ihren Eltern. Wenn ich an meine Kindheit denke, ist da ganz viel Liebe und so viel Spaß. Gemeinsame

Zeit und viele tolle Erlebnisse. Ganz klar: Ich hatte eine wundervolle Kindheit. Ich bin meinen Eltern und meinen Großeltern sehr dankbar. Sie haben es wirklich gut gemacht, nach bestem Wissen und Gewissen. Und wenn ich mich heute so anschaue, denke ich: Das war gute Arbeit, die ihr da geleistet habt.

Dennoch habe ich, genauso wie viele andere Kinder auch, sehr negative Erfahrungen gemacht. Dinge, die sich in mein Unterbewusstsein eingebrannt haben. Dinge, die z.B. meine Schwester völlig anderes bewertet oder erlebt hat. Das RAS ist da sehr fleißig.

Ich habe etwas sehr Wichtiges gelernt. Wieso sollte ich wütend auf meine Eltern, Großeltern oder sonst irgendwen sein? Sie haben immer, zu jedem Zeitpunkt, ihr Bestes gegeben. Sie haben mit bester Absicht gehandelt. Ich bin erwachsen und ich kann die Verantwortung für meine Gefühle übernehmen. Frei davon, was andere denken. Frei, welche Emotionen es auslöst.

Du weißt jetzt schon, dass der Großteil deines Denkens und Handelns aus dem Unterbewusstsein kommt. Unser Unbewusstes wird ständig geprägt. Die tiefsten Prägungen entstehen im Alter zwischen zwei und fünf Jahren. Und das passiert so:

Stell dir vor, du bist ein kleines Mädchen. Du sitzt in deinem Zimmer und spielst mit deinen Puppen. Und dabei singst du aus tiefstem Herzen laut deine liebsten Lieder. Zwei Räume weiter sitzt deine Mutter am Küchentisch. Sie hatte einen anstrengenden Tag. Es gab Ärger bei der Arbeit, sie hat sich mit deinem Vater gestritten, sie sorgt sich um die Oma. Sie hatte keine Zeit, sich mal auszuruhen und genug getrunken (also Wasser) hat sie heute auch nicht. Ihr Kopf dröhnt. Sie weiß, eine halbe Stunde ruhen würde ihr guttun. Doch sie muss sich

jetzt um die Rechnungen kümmern. Sie muss sich konzentrieren. Doch das ist schwierig, weil der Kopfschmerz stechend geworden ist. Weil ihr tausend Sachen gleichzeitig durch den Kopf schwirren. Und weil eine hohe und laute Stimme aus dem Zimmer nebenan direkt in den Kopfschmerz geht. Sie atmet tief durch. Doch der Kopfschmerz wird nicht besser. Dieses Gesinge raubt ihr den letzten Nerv. Die Gedanken und die Sorgen kann sie grade nicht abstellen. Doch dieses Gesinge, das kann sie abstellen. Also geht sie in dein Kinderzimmer. Sie öffnet die Tür viel energischer, als sie es beabsichtig hat, und spricht auch viel lauter, als sie es gewollt hat: „Hör endlich auf zu singen. Mir platzt gleich der Kopf! Sei endlich ruhig!"
Alle – ja, ich meine wirklich alle –, die selbst Kind waren und Kinder haben, kennen genau diese Situation. Sie passiert. Diese Reaktion ist einfach menschlich.
Jetzt haben wir da ein kleines Mädchen sitzen, dass sich furchtbar darüber erschreckt hat, wie wütend die Mama ist. Dieses kleine Mädchen denkt jetzt nicht: Oh, Mama hatte einen schlechten Tag. Sie bräuchte mal eine Kur. Vielleicht wäre es gut, wenn Mama mal etwas mehr schlafen würde. Nein, dieses kleine Mädchen wird denken: Ich singe so schlecht, dass Mama davon der Kopf platzt.
Völlig egal, ob du gut singen kannst oder nicht. Es ist nicht mehr objektiv. Und in dein Unterbewusstsein prägt sich tief ein: Ich kann nicht singen. Von meinem Gesang platzt anderen der Kopf.
So prägen sich Glaubenssätze ein, die für uns Realität sind. Und aus solchen Alltagssituationen entstehen Gedanken wie:

- Ich kann nicht.
- Ich bin nicht gut genug.
- Wenn ich jetzt Nein sage, passiert etwas Schlimmes.

In vielen Moment spricht nicht die erwachsene Frau, sondern eher das kleine, verunsicherte Mädchen. Und, machen wir uns doch nichts vor: Jede von uns möchte geliebt und gemocht werden. Am allerbesten nur um ihretwillen. Doch wenn das nicht funktioniert, gehen wir einen Handel ein. Du wirst wie viele die Erfahrung gemacht haben, dass du einfach etwas mehr tun musst als andere, dann bekommst du auch mehr Anerkennung. Und überhaupt: Du wirst gemocht, wenn du etwas leistest. Schau dich doch um. In unserer leistungsorientierten Gesellschaft bist du ja schon raus, wenn du anders denkst. Dann gehst du leer aus. Dann mag dich keiner mehr.

Das Müssen lassen – geliebt um deinetwillen

Auch ich durfte durch diesen Prozess gehen. Es ist gar nicht so einfach gewesen, plötzlich die Dinge anders zu machen, Nein zu sagen und mich abzugrenzen. Ich würde dir gerne sagen, dass es total simpel ist. Doch das wäre eine Lüge. Es waren mehrere Schritte nötig und immer wieder Coaches und Mentor*innen, die mir geholfen haben.
Wenn du aufhörst, die Dinge zu tun, die du immer tust, entsteht Rebellion. Dein Ego rebelliert, dein Umfeld rebelliert. *Du verlässt den sicheren Weg und machst jetzt nur noch die Dinge, die du auch wirklich machen willst und die du auch zeitlich bequem schaffst.* – Allein dieser Satz hat es in sich. Deshalb gehe ich ihn noch mal einzeln durch: Du machst nur noch die Dinge, die du tun möchtest. Als ich diesen Vorschlag zum ersten Mal gehört habe, musste ich laut loslachen. Wo

sind wir denn? Bei „Wünsch dir was"? Wenn ich immer nur tun würde, was ich tun möchte – ja, was wäre denn dann? Warum tust du die Dinge denn dann?

- Warum stehst du jeden Morgen auf?
- Warum machst du Frühstück?
- Warum gehst du arbeiten?
- Warum tust du diesen Job?
- Warum putzt du dein Haus?
- Warum zupfst du Unkraut?
- Warum schaust du dir das Fernsehprogramm an?
- Warum isst du dieses Essen?

Welche Dinge davon tust du wirklich gerne? Wo ist deine Motivation? Weil du es *musst*?

Die vier besten Worte meines Lebens waren:
EINEN SCHEISS MUSS ICH (Übrigens auch der Titel eines sehr amüsanten Buches von Tommy Jaud. Kann ich nur empfehlen!) So ist es nämlich. Ich muss einfach gar nichts! Tausche „muss" in deinen Sätzen gegen ein „Ich möchte" – das ist eine völlig andere Grundlage.

- Ich möchte morgens aufstehen und meine Kinder wecken.
- Ich möchte mit ihnen zusammen frühstücken und ich möchte, dass sie nicht nüchtern aus dem Haus gehen.
- Ich möchte arbeiten gehen; mittlerweile, dank unseres Weiterbildungssystems hier in Deutschland, in einem Job, den ich von Herzen liebe.
- Ich möchte mein Haus putzen, denn ich mag es sauber und ordentlich. Meistens jedenfalls.

Das könnte ich beliebig weiterführen. Es nimmt mir einfach den Druck. Den Gedanken, ich müsste Dinge tun. Doch wie reagiert mein Umfeld auf meine neuen Entscheidungen? Das war wirklich spannend.

Als ich aufgehört habe, Dinge des Müssens wegen zu tun, waren als erstes die Kinder sehr begeistert. Denn was für mich gilt, gilt natürlich auch für sie. Sie haben mich gefeiert. Tun sie immer noch.

Für meinen Mann war es eine etwas ungewöhnliche Situation. Ich habe das Glück – und dieses Glück teile ich mit vielen Frauen –, dass ich einen Mann habe, der ein Fan von mir ist. Er ist ein Förderer. Doch lange konnte ich dieses Fördern gar nicht annehmen, weil ich ja dachte, dass ich richtig though sein muss und alles alleine tun kann. Und ich ihm auch nicht sagen muss, wo meine Grenzen sind, denn die wird er schon sehen. So ein Quatsch.

Ich habe mich also daran gewöhnt, über meine Grenzen hinauszugehen. Und er hat sich daran gewöhnt, dass seine Angebote zu Floskeln wurden. Was meinst du, wie er geschaut hat, als ich angefangen habe, mein Tun zurückzuschrauben und ihn mit in die – von ihm angebotene – Pflicht zu nehmen? Ich würde wieder lügen, wenn ich sage, es war einfach. Auch hier durften wir beide sehr viel lernen. Und es hat sich total gelohnt.

Ich habe gelernt, dass ich hier nichts tun muss, um geliebt zu werden. Dass ich um meinetwillen geliebt werde. Es war immer so. Doch ich habe es nicht erkannt. Ich konnte es nicht annehmen.

Bei den Menschen, die mir „sicher" sind in ihrer Liebe, geht das ja noch. Doch was tust du in Kreisen, in denen du dich

nicht so sicher fühlst? Wo du weißt, dass du durch den Wolf gedreht wirst, sobald du den Raum verlässt?
Tust du in diesen Kreisen auch immer noch Dinge, die du gar nicht willst? Bringst du zu jeder Party den super Salat oder die fantastische Torte mit? Weil du dich über die Anerkennung freust oder weil du Angst hast, dass du die Doofe bist, wenn du Nein sagst? Dass du ausgegrenzt wirst?
Sind dir solche Arrangements wirklich wichtig? Was wäre denn, wenn du deinen Blickwinkel änderst? Das geht so in dem du dir eine Gegenfrage stellst:
Du planst eine Gartenparty. Jetzt bittest du eine sehr liebe Freundin, einen Salat oder ein Brot oder was weiß ich mitzubringen. Welche Antwort erwartest du? Ist ein Nein von ihr eingeplant? Oder erwünscht? Wenn sie ihr tolles selbstgebackenes Brot mitbringt, sich dafür aber fast ein Bein ausreißen muss und keine Zeit mehr hat, sich hinzulegen, mit den Kindern zu spielen oder mit ihrem Mann in der Sonne gemeinsam einen Kaffee zu trinken? Würdest du das wollen? Ich sag dir ganz ehrlich: Ich nicht.
Ich bin für eine ehrliche Antwort sehr dankbar. Und wenn ich frage, ob und wie jemand etwas für mich tun kann, hoffe ich immer auf eine ehrliche Antwort. Ich würde dieses wunderbare selbstgebackene Brot nicht wollen, weil der Preis dafür zu hoch ist. Und, das ist mir bewusst, ich bin dann in der Lage, nach einer Alternative zu suchen. Weil es meine Party ist. Ich bin dafür verantwortlich. Und niemand sonst.

Doch jetzt kommt ein Einwand, den ich von meinen Klientinnen sehr häufig höre: Ich kann doch so schlecht Nein sagen. Gerade Frauen, die sich im Helfersyndrom befinden, denken diese Lüge gerne. Warum ist dieser Satz eine Lüge?

Ja und Nein: zwei Seiten einer Medaille

Ja und Nein sind zwei Seiten einer Medaille. Jede Seite hat eine Gegenseite. (Nickelsen, 2015)

Nimm dir gedanklich diese Medaille in die Hand. Die Anfangsaussage war: „Ich kann so schlecht Nein sagen." Also zeigst du deinem Gegenüber die Ja-Seite. Was passiert dann auf der anderen Seite? Richtig. Sie zeigt NEIN. Wem zeigt sie es? Richtig – DIR!

Es ist also ein absoluter Irrtum zu denken, du kannst nicht nein sagen. Du sagst ständig Nein, nur halt zu dir. Indem du halbherzig Ja sagst, sagst du Nein zu dir selbst.

Überlege einmal, wozu du dir Nein sagst:

- zu einem freien Abend
- zu einem guten Buch
- zu Zeit mit deinem Partner
- zu Zeit mit deinen Kindern.

Mach dir bitte einmal klar, was dieses halbherzige und Gewohnheits-Ja bedeutet. Es bedeutet so viel mehr. Du bist so

wenig wert? Zeit für dich und deine Bedürfnisse ist weniger wert als ein mitgebrachter Kuchen? Meinst du, dein Gegenüber würde das so sehen? Würde das so wollen?
Ich bin davon überzeugt, dass es nicht so ist.
Ja, auch ich habe mich schwergetan, z.b. meinen Eltern zu sagen: Nein, das schaffe ich nicht. Oder nein, das geht nicht. Weil es das eben kaum gab. Ich habe alles geschafft. Das hat sich auch nicht geändert. Nur, will ich es einfach nicht mehr. Und es ist keine Katastrophe eingetreten, wie ich zunächst befürchtet hatte. Wie du siehst, ich bin immer noch hier. Ich bin glücklicher, als ich es jemals war. Diese Angst, dass dir etwas passieren kann, ist nur in deinem Kopf.
Übernimm die Verantwortung für dich und dein Tun, indem du klare Grenzen setzt. Druck dir die Medaille aus und schau immer wieder: Wozu sage ich Ja und wozu sage ich Nein?
Auch ich werde heute noch gefragt, ob ich vielleicht einen Kuchen backe. Dann überlege ich, wäge die Möglichkeiten und Ressourcen ab und entscheide. Ich backe super gerne. Wenn ich aber merke, dass mein Puls hochgeht, und ich denke „Oh, das könnte echt knapp werden", dann lasse ich es sein.
Ich engagiere mich gerne ehrenamtlich. Es macht mir total viel Spaß und entspricht meinen Werten. Ich muss das nicht tun. Ich möchte es gerne.
Du siehst: Auch wenn du deine Grenzen setzt, heißt das nicht, dass du auf einmal egoistisch oder selbstsüchtig bist. Es heißt nur, dass du dich mit deinen Ressourcen und Möglichkeiten respektierst, statt über sie hinauszugehen.

Im Download Bereich findest du eine Ja-und-Nein-Medaille zum Ausdrucken.

Nein ist ein vollständiger Satz
Es gibt noch einen Punkt zum Thema Nein sagen, den ich sehr wichtig finde und den ich hier gerne noch erläutern möchte. Kosten dich endlose Diskussionen und Rechtfertigungen auch superviel Kraft? Ich habe mich sehr häufig dabei ertappt, dass ich mich rechtfertige. Dass ich auf Diskussionen eingehe, obwohl ich das gar nicht möchte. Wenn ich dann wirklich gesagt habe „Nein, das geht nicht", habe ich mein Nein gerechtfertigt und Gründe und Erklärungen abgeliefert. Auch das war einfach etwas, was ich gewohnt war. Vielleicht kam es durch meine Arbeit im Krankenhaus? Wenn der Anruf kam, dass ich einspringen sollte, musste ich mich erklären, warum das nicht geht. Denn ein einfaches „Nein, ich kann nicht" zählte nicht. Ob es wirklich so war, kann ich nicht mehr sagen. Es hat sich jedenfalls so angefühlt.

Der Kinderarzt meiner Kinder hat das geändert. Es war, als meine große Tochter so drei, vier Jahre alt war. Und sie wollte die Welt verstehen. Ihre Lieblingsfrage war: „Warum"? Mich haben ihre Fragen verwirrt und ich wusste nicht genau, was ich darauf antworten kann. Was sie schon aushält. Bei einer Vorsorgeuntersuchung habe ich das dem Kinderarzt erzählt und ihn um Rat gefragt. Seine Antwort war: „Wer eine Frage stellt, der kann mit der Antwort leben."

Und genauso ist es. Und was tun wir im Alltag, wenn wir ständig Ja sagen? Wir entmündigen damit unser Gegenüber. Denn man setzt voraus, dass das Gegenüber mit einem Nein nicht klarkommt. Ganz schön anmaßend, findest du nicht?

Du darfst also aufhören, die Verantwortung der Welt auf deine Schultern zu laden.

Du darfst aufhören, die Verantwortung für das Denken der anderen zu übernehmen.

Gib deinem Umfeld die Chance zu wachsen. Gib deinem Umfeld die Chance, selbst Lösungen zu finden, wenn du nicht mehr zur Verfügung stehst. Ich bin mir sicher, dass die Katastrophe ausbleiben wird. Wenn es bei mir und meinen Klientinnen so gut funktioniert, warum dann nicht bei dir?
Ein Nein ist keine Diskussionsgrundlage. Ein Nein ist eine klare innere Haltung. Eine innere Haltung zu dir. Es macht dein Leben so viel schöner. Denn du kommst endlich in den Genuss, Ja zu sagen.
Ja zu dir.
Ja zu deiner Familie.
Ja zu deinem Partner.

Dein Licht blühen lassen
Deine inneren Prägungen sind „nur" Gedanken, keine Realität. Doch das vergessen wir im Alltag gerne. Denkweisen, Gedanken und Verhalten zu verändern, erfordert Training. Stell dir vor, du trainierst dein Glück. Einfach, indem du die Dinge veränderst, die dir im Alltag eher schwerfallen.
Ich mag es nicht, zu sagen, das eigene Verhalten zu verändern, erfordere Zeit. Ich habe es so anders erlebt. Frauen, die völlig festgefahren waren und sich als hoffnungslos bezeichnet haben, blühten innerhalb kürzester Zeit auf. Sie haben innerhalb kürzester Zeit ihr Denken umgestellt – mit so viel Erfolg.
Es liegt also nicht an der vorhandenen Zeit. Die ist für uns alle gleich. Es liegt an deinem vorhandenen Willen. Und damit meine ich nicht Disziplin, sondern deinen tiefsten inneren Wunsch, dein Leben zu verbessern. Deinen tiefsten Wunsch, in dein Potenzial zu kommen. Dein Licht blühen zu lassen.

Es gibt einen Text von Marianne Williamson aus dem Buch „Rückkehr zur Liebe", den Nelson Mandela 1994 in seiner Antrittsrede als Staatspräsident von Südafrika verwendet hat (Williamson, 1993):

Darin beschreibt sie, dass unsere größte Angst nicht darin besteht, dass wir versagen. Unsere größte Angst ist es, dass wir erblühen und großartig werden.
Eigentlich absurd, aber ich glaube, mit ihrem Text trifft sie vollends ins Schwarze. Ich erlebe es so häufig, dass viele Frauen kein Problem mit Kritik oder Scheitern haben. Nein, das sind wir so gewohnt, dass es für uns „normal" ist.
Die meisten, und ich schließe mich nicht aus, haben große Angst, wenn sie in ihre Stärke gehen. Wenn sie ihr Licht leuchten lassen und vollends in ihre Kraft gehen. Sie haben Angst, weil es uns jahrelang beigebracht wurde, dass das falsch ist.
Doch was wir nicht bedenken ist; wenn wir in unsere Kraft gehen und unser Potenzial leben, erschaffen wir für unser Umfeld den Rahmen und die Möglichkeit, dies auch zu tun. Damit erschaffen wir uns eine Gegenwart, die anderen zur Inspiration wird.

Egal, was dir in deiner Kindheit widerfahren ist. Egal, was du erlebt hast. Du bist hier auf dieser Welt, um zu leuchten. Du bist hier auf dieser Welt, um glücklich zu sein.
Auch wenn ich Gefahr laufe, mich zu wiederholen – es kann nicht oft genug gesagt werden:
Geh in deine volle Kraft.
Liebe dich selbst so, wie du von der Welt geliebt werden möchtest. Feiere dein Sein jeden Tag. Um deinetwillen.

Mach dich frei von den Erwartungen anderer. Ändere deine Energie.
Tue die Dinge, auch wenn dein Umfeld es doof findet.
Tue die Dinge anders.
Höre auf, jeden Tag dasselbe zu tun und auf andere Ergebnisse zu warten.
Gib dir selber die Erlaubnis, Nein zu sagen.
Steck deine Grenzen ab.
Befrei dich von dem Druck, indem du das Wort *muss* aus deinem Wortschatz streichst.
Tausche es gegen ein *Ich will* oder *Ich möchte*. Damit veränderst du deine Energie.
Vertraue deinem Instinkt und deinen Fähigkeiten.

Egal, wer dir gesagt hat: Du kannst es nicht, du darfst es nicht, es ist nicht so einfach. Lächle. Er oder sie wussten es doch nicht besser. Schau dir Menschen an, die es anders machen. Nimm dir ein Beispiel an Menschen, die du bewunderst. Gib dir selbst die Erlaubnis, auch phänomenal zu sein. Dann kannst du glücklich sein. Dann kannst du zufrieden sein. Frei von Schuldgefühlen. Frei vom schlechten Gewissen.
Es wurde uns Frauen viel mehr in die Wiege gelegt als den Männern.
Also sei deinen Kindern, deinen Eltern, deinem Umfeld eine Inspiration und tue die Dinge so, wie du sie tun möchtest. Du hast es in der Hand.

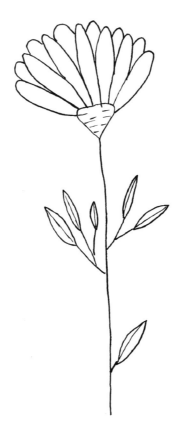

Tschüss, Perfektionismus!

Erwartungen machen das Leben schwer

In Deutschland wird, statistisch jede zweite Ehe geschieden. Viele Paare trennen sich in den Sommermonaten. Besonders nach einem gemeinsamen Sommerurlaub kommen viele zur Erkenntnis, dass die Basis für ein gemeinsames Leben fehlt. Auch in meiner Arbeit spüre ich das sehr deutlich: Im September werde ich vermehrt von Frauen angeschrieben, die in ihrer Beziehung nicht weiterkommen und sich Unterstützung suchen.

So war es auch bei Miriam. Sie kontaktierte mich nach ihrem Sommerurlaub. Miriam ist verheiratet, hat zwei Kinder im Teenageralter und hat eine 75-Prozent-Stelle. Sie berichtet, dass in ihrer Beziehung schon sehr lange „die Luft raus ist". Auch der Familienalltag ist eingefahren. Es fehlt ihr an Abenteuer, an Freiheit. Doch das ist ja auch einfach schwierig. Die Kinder haben feste Termine, die Arbeit, die Freizeitaktivitäten, da bleibt wenig Platz für Spontanität. Der Alltag folgt einem vorhersehbaren Muster. Ihr Mann und sie haben kaum wirklich Zeit füreinander. Kurze Gespräche bei Tisch, doch da sind auch die Kinder. Abends sitzt er am Laptop, weil er noch arbeiten muss, und Miriam liest gerne. So geht es tagein, tagaus.

Und jetzt reicht es ihr. Miriam möchte bei mir lernen, selbstbewusster zu werden, damit sie sich von ihrem Mann trennen kann. Sie hat keine Lust mehr auf so viel Routine.

Ich frage behutsam nach, was genau der Auslöser war. Es waren die Ferien. Sie hat sich so auf den gemeinsamen Urlaub gefreut. Was sie alles machen wollten! Radfahren, wandern, chillen. Die 14 Tage waren richtig gut durchgeplant. Für jeden war etwas dabei – das ist doch das Ziel eines Familienurlaubes. Sich endlich mal verwöhnen lassen und sich nicht um die Mahlzeiten kümmern müssen. Einfach nur die Dinge tun, für die im Alltag wenig Zeit ist.

Meine nächste Frage war: „Und was ist passiert, dass du jetzt hier sitzt?"

Der Urlaub war ein Desaster. Die Kinder hatten bei dem warmen Wetter keine Lust auf Radfahren oder Wandern. Sie sind zwar mitgegangen, haben aber nur gemeckert. Das hat wiederum zu Streit mit ihrem Mann geführt. Er hat ihr vorgeworfen, dass immer alles nach Plan zu gehen habe. Was sie schnell auf die Palme brachte, weil sie schließlich mal für Abwechslung gesorgt hat. Nach den ersten missglückten Versuchen, etwas gemeinsam zu unternehmen, hat Miriam aufgegeben. Sie haben am Pool gelegen oder am Strand. Die Kinder und der Mann am Handy beschäftigt, sie mit einem Buch. Dann hat man da andere kennengelernt und sich mit den neuen Bekannten abends verabredet. Sie hat gemerkt, dass sie und ihr Mann nicht mehr viel verbindet. „Scheinbar wollen wir nicht dasselbe", sagt sie. Ehrlicherweise muss sie zugeben, dass sie überhaupt nicht weiß, was ihr Mann möchte.

Zu dieser Erkenntnis kommen leider viele Paare. Der Alltag ist so durchgetaktet, dass die Paare kaum mehr Zeit haben für Gespräche oder gemeinsame Unternehmungen. Und in der Seele fängt es dann an zu rufen. Weil etwas fehlt. Und dieses Fehlen soll in einem gemeinsamen Urlaub aufgeholt werden. Doch was Miriam und auch vielen anderen nicht bewusst ist: Wenn ich so in den Urlaub starte, ist die Chance sehr groß, dass das nach hinten losgeht.

Denn erstens kommt es anders …
Woran liegt das? Es entstehen Erwartungen. Dieser Urlaub von Miriam war so mit Erwartungen überfrachtet, dass ich nicht sonderlich überrascht war, dass sie von einem Desaster berichtete. Kennst du das auch? Du planst etwas, z.b. einen Urlaub, eine Party, eine Schwangerschaft, den Hauskauf … und es wird alles anders, als du es dir gedacht hast. Es kann natürlich auch passieren, dass du positiv überrascht wirst. Doch mal ehrlich, wie oft passiert es, dass es anders kommt als erwartet? Dass du traurig bist, weil das, was du geplant hast, nicht so läuft? Weil deine Vorstellung einfach eine andere war als das, was dann wirklich passiert ist?
Und dabei kann die Wirklichkeit richtig gut sein. Nur halt eben anders. Wie frustrierend das ist, kennen wir doch alle, spätestens seit der Schulzeit. Es wurde eine Klassenarbeit geschrieben. Die Arbeit lief gut, das Thema war okay. Das eigene Gefühl war einfach super. Voller Überzeugung erwartet man eine gute Note. Und was ist? Die Note ist nicht so gut wie gedacht. Und statt sich über das zu freuen, was ist, ist die Enttäuschung groß.
Wie oft freust du dich über das, was ist? Oder hast du manchmal das Gefühl, da wäre noch mehr gegangen und du bist traurig darüber? Dein Kopf sagt dir zwar, ist doch okay, doch irgendwo spürst du einen Stich tief in dir.
Diese Erwartungen müssen auch gar nicht die eigenen sein. Wir übernehmen so viele Prägungen, dass es auch sehr gut sein kann, dass wir Erwartungen übernehmen. Oder dass wir denken, andere Menschen, wie zum Beispiel Eltern, Großeltern und Lehrer*innen hätten diese Erwartungen an uns. Es

werden Vorstellungen und Lebensweisen übernommen. Dieser Satz „Kind, du sollst es einmal besser haben als ich" erhöht ganz leicht den Druck.

Bei Miriam war es der Druck, ein perfektes Familienleben zu führen. Und zwar so, wie sie sich das in ihrem Kopf zusammengereimt hat. Ihre Pläne hörten sich, in der Theorie zumindest, sehr gut an. Sie waren nur nicht mit der Wirklichkeit konform. Und ihre Erwartungen haben dazu beigetragen, dass ihre Beziehung für sie fast am Ende war. Dazu hat sie etwas getan, was vielen anderen auch passiert, mich eingeschlossen. Sie hat angefangen, die Verantwortung für ihr Wohlbefinden abzugeben. Ihre Familie war schuld. Weil ihre Familie sich so verhalten hat, wie sie sich eben einfach verhalten hat, war Miriam doch erst an diesem Punkt angelangt. Sie hat es doch nur gut gemeint.

Was will ich und was willst du?

Miriam hat im Familienurlaub die Verantwortung für ihr Wohlbefinden abgegeben. Sie hatte große Erwartungen an diese Zeit. Doch sie hat versäumt, diese Erwartungen genauer zu überprüfen. Zum Beispiel wäre es hilfreich gewesen zu fragen, was die anderen Familienmitglieder gerne machen möchten. (Denn bekanntermaßen sind die Erwartungen an einen Urlaub oft völlig unterschiedlich.) Damit hätte sie auch ihre eigenen Erwartungen einer Überprüfung unterzogen. Sie hätte die Verantwortung übernommen. Und sie hätte gehört, welche Erwartungen ihre Familie an den Urlaub hat.

Das gilt natürlich nicht nur für die Urlaubsplanung. Einfach mal die Menschen fragen, was sie eigentlich wollen, hilft aus so manchem Alltagsschlamassel. Das bedeutet im Umkehrschluss ja nicht, dass du deine Pläne und das, was du gerne tun möchtest, über Bord wirfst. Es verschafft einfach eine andere und klarere Grundlage. Es bedeutet, dass du die Chance bekommst zu handeln und in deine Verantwortung zu gehen. Nichts ist schlimmer, als unausgesprochene Erwartungen. Wenn die Erwartungen dagegen offen auf dem Tisch liegen, bieten sie eine Chance. Wie oft passiert es im Alltag, dass Erwartungen da sind, von denen der Partner, die Kinder, der Chef aber gar nichts wissen? Warum eigentlich? Was hält uns davon ab, unsere Erwartungen und Wünsche einfach zu äußern? Es sind Gedanken wie diese:

- Ach, die merken schon, was ich gerne möchte.
- Die kennen mich doch schon so lange, sie wissen ja, wie ich das sehe.
- Jetzt habe ich so oft das Wort Juwelier erwähnt. Mein Partner muss doch wissen, dass ich gerne Schmuck geschenkt bekommen würde.

Doch in den meisten Fällen geht das völlig nach hinten los und endet in Frustration und Enttäuschung. Wie soll das auch funktionieren? Es kann doch keine*r in den Kopf der anderen schauen. Warum tun Frauen sich so schwer, das, was sie wollen, klar zu kommunizieren?

Frauen haben das so gut wie nie gelernt und oft durften sie es auch einfach nicht. Überleg doch einmal, welchen Wert Frauen in früheren Zeiten in der Gesellschaft und zu Hause hatten. Weil die Geschichte tief in den Zellen gespeichert ist, fällt es vielen Frauen auch heute noch schwer, offen über ihre Bedürfnisse zu sprechen. Weil es uns nicht anders vorgemacht wurde.
Hattest du als Kind ein Poesiealbum, das zum Eintragen durch die Klasse gereicht wurde? Da standen solche Sprüche wie: „Sei wie das Veilchen im Moose, sittsam bescheiden und rein. Und nicht wie die stolze Rose, die immer die schönste will sein." Wenn ich das heute lese, bekomme ich Schnappatmung. Stolze Rose – so ein Bullshit. Bescheidenes Veilchen – was für eine Bild von Frauen und Mädchen. Sittsam – was zur Hölle ist denn sittsam? Und warum sollte ich das sein? Hast du dich jemals gefragt, in welches Frauenbild dich solche Sprüche und „Anweisungen" gedrängt haben?
Und was ist mit denen, die nicht in dieses Bild gepasst haben? Die sich gezeigt haben? Die selbstbewussten Frauen und Mädchen, die auf diese Sprüche gepfiffen haben? Über die wurde gelästert und hergezogen. Wenn man nicht diesem Bild entsprach, dann wurde man ausgegrenzt.
Aber wer möchte denn bitte ausgegrenzt werden? Wer möchte freiwillig Verachtung erfahren? Als „anders" gelten? Natürlich keine. Also haben sich die meisten Frauen zurückgenommen und angepasst. Sie schwimmen nur am Beckenrand, weil sie die Sicherheit im Rücken brauchen. Und was hat uns das gekostet?
Unseren Mut.
Unsere Freiheit, uns zu entfalten.
Unsere Eigenständigkeit.

Unsere Generation löst sich aus diesen Mustern. Doch die Generationen unserer Mütter und Großmütter? Sie sind genauso aufgewachsen und es wurde auch genauso von ihnen erwartet.

Erwartungen – übertragen von Generationen

Was wird täglich von dir erwartet? Wer stellt Ansprüche an dich? Welche Erwartungen hast du an andere? Wie so vieles in unserem Leben, werden auch Erwartungen durch unbewusste Muster aufrechterhalten. Bei mir war es so, dass ich dachte, ich muss allen etwas beweisen, ich muss es ganz besonders gut machen. Das war so anstrengend – vor allem für meine Lieben. Denn es war super schwer für mich, einfach mal locker zu lassen, die Kontrolle abzugeben und einfach nur zu genießen. Ständig hat mich etwas davon abgehalten. Wenn ich es mir mit einem Buch und einem Tee vor dem Ofen gemütlich gemacht habe, piepte der Trockner oder die Spülmaschine oder ich schaute mich um und musste feststellen, dass eine Vermehrung der Wollmäuse stattgefunden hat. Oder ein Kind brauchte mich. Selbst wenn die Kinder mal bei Oma waren, konnte ich die Zeit für mich nicht genießen. Dann habe ich die Dinge getan, zu denen ich mit Kindern eher nicht so gut komme. Einfach das tun, worauf ich Lust hatte, fiel mir wahnsinnig schwer. Es war, als hätte mich eine innere Stimme immer wieder angetrieben. Nein, es war eher ein innerer Chor, der in einer Tour geschrien und mir immer wieder aufgezählt hat, was alles *nicht* gut ist. Und das war so viel. Ich kam mir vor wie Don Quijote, der gegen die Windmühlen ankämpft. Es gab immer etwas zu tun. Es gab immer etwas, was wichtiger war als ich.

Es war, als ob ich den Preis für die perfekte Hausfrau, Gärtnerin, Mutter und Ehefrau gewinnen wollte – ein imaginärer Preis natürlich, mit einer sehr parteiischen Jury. Ich hatte nie das Gefühl, es ist genug. Egal, wie sehr ich mich angestrengt habe, irgendwas hatte mein Unterbewusstes immer daran auszusetzen. Da waren wirklich starke Mächte mit extrem hohem Anspruch am Werk.

Mittlerweile weiß ich, dass jeder Mensch einen eigenen genetischen „Stempel" hat. Ich stelle mir das vor wie ein Brandzeichen, mit dem ich auf die Welt gekommen bin. Dieser Stempel hat Komponenten aus sieben Generationen vor uns. Als ich das gehört habe, war ich total erleichtert. Es war, als wäre eine riesengroße Portion „Schuld" von mir abgefallen. Denn ich habe mich oft gefragt, warum ich mir selber so im Weg stehe. Warum kann ich nicht genießen? Warum denke ich immer, ich muss etwas leisten?

Es sitzt einfach in uns, übertragen von Generationen. Sieben Generationen, das ist eine ganz schön lange Zeit. Unsere Vorfahr*innen haben nicht gerade im Schlaraffenland gelebt. Und aus jeder Generation sitzt ein bisschen was in mir. Mir das klarzumachen, war eine totale Befreiung. Ich habe damit nicht die Verantwortung abgegeben und gesagt: „Okay, ich kann ja nichts dafür, ich bin halt verkorkst." Das wäre etwas zu einfach. Aber in den Momenten, in denen es mir so schwergefallen ist zu genießen, mich zurückzulehnen, zu entspannen, locker zu bleiben, war ich nachsichtiger mit mir. Weil ich verstanden hatte, dass das Prägungen meiner Vorfahr*innen sind. Dass das ein Muster ist, was sich bis zu mir durchzieht.

Ich darf jetzt Neues schaffen. Ich darf andere Erfahrungen machen. Ich darf es gut haben. Ein Leben leben, von dem meine Vorfahr*innen sicher nur träumen konnten. Gewaltfrei, genug zu essen, ein tolles Haus, eine wunderbare Beziehung, gesunde Kinder, Urlaub machen, mich persönlich weiter entwickeln. Das war vor nicht allzu langer Zeit für Frauen noch unmöglich.

Wenn ich sagen würde, ich habe jetzt keine Erwartungen mehr an mich, wäre das eine glatte Lüge. Natürlich habe ich die immer noch, aber ich bin milder geworden. Ich habe gelernt, mich gut zu behandeln und anzuerkennen, dass ich immer, egal in welcher Situation, das Beste gebe. Und dass mein Bestes absolut gut genug ist.

Und dann gibt es ja auch noch die Erwartungen, die unser Umfeld an uns hat. Früher habe ich versucht, meinem Umfeld klarzumachen, dass sie mich damit unter Druck setzen. Oder dass ich das doof finde. Das hat zu viel Streit und Diskussionen geführt. Natürlich wollte mich niemand bewusst unter Druck setzen. Heute nehme ich die Erwartungen aus meinem Umfeld wahr und kann sie – mal besser, mal weniger gut – einfach so stehen lassen. Ich habe mich frei gemacht von dem, was andere von mir denken oder erwarten. Geholfen hat mir eine genaue Beobachtung meines eigenen Verhaltens.

Ist das wahr?

Was passiert, wenn ich auf der Couch liege? Welche Gedanken gehen mir dann durch den Kopf? Was denke ich, tun zu „müssen"? Wenn ich nicht zur Ruhe komme, hinterfrage ich diesen Gedanken, indem ich eine Methode von Byron Katie aus ihrem Buch „The Work" anwende.
Die Frage lautet: Ist das wahr?
Der Gedanke, der mir auf der Couch kommt, ist beispielsweise: Eigentlich müsste ich jetzt dringend staubsaugen.
Jetzt kommt die Frage: Ist das wirklich wahr?
Meine Antwort: Ja, das ist wahr. Die Wollmäuse sind nicht zu übersehen.
Dann ist die zweite Frage: Kannst du mit absoluter Sicherheit sagen, dass das wahr ist?
Meine Antwort: Ja, absolut. Ich habe Wollmäuse im Haus. Ich muss wirklich staubsaugen.
Dann kommt die dritte Frage: Wie fühlst du dich mit diesem Gedanken?
Und meine Antwort: Ich fühle mich schuldig. Ich habe ein schlechtes Gewissen. Es ist doof.
Die vierte Frage lautet: Wer wärst du ohne diesen Gedanken?
Und dann gehe ich in mich. Was macht dieser Gedanke mit mir? Er stresst mich. Er setzt mich unter Druck. Er sorgt dafür, dass ich nicht genießen kann.
Also, was wäre ich ohne diesen Gedanken? Viel entspannter. Ich wäre viel lockerer. Ich würde staubsaugen, wenn

ich mich ausgeruht hätte. Doch diese wertvolle Zeit jetzt, hier, in diesem Moment könnte ich genießen. Ohne diesen Gedanken wäre ich völlig frei.

Dieser Gedanke, der mir da im Weg steht, hat durchaus seine Daseinsberechtigung. Doch es sollte mir klar sein, dass es einfach nur ein Gedanke ist. Und ich habe die Wahl, was ich denken möchte.

Ich möchte jetzt nicht tiefer in „The Work" einsteigen. Aber ich kann dir Byron Katies Bücher nur empfehlen, wenn du dich intensiver mit dem Thema beschäftigen möchtest.

Ich tue die Dinge nicht mehr aufgrund äußerer Erwartungen. Ich lebe mein Leben aus meiner Intuition heraus. Das macht es so viel entspannter. Und, um bei dem Beispiel zu bleiben, wir versinken nicht im Dreck. Wen meine Wollmäuse stören, der braucht ja nicht zu kommen.

Finde deine Alltags-Trigger

Welche Gedanken möchtest du ändern? Welche Erwartungen loslassen?

Ist dir schon einmal aufgefallen, dass jede Frau ihr eigenes persönliches Stressempfinden hat? Du erzählst deiner Freundin, dass es dich total nervt, wenn dein Partner die Zahnpastareste im Waschbecken nicht entfernt, und die guckt dich an und meint: „Über so eine Kleinigkeit rege ich mich doch gar nicht auf." Und dann erzählt sie dir, dass sie es total doof findet, nicht zum Sport zu können und dass sie total Angst davor hat zuzunehmen. Und du guckst sie irritiert an und kannst das überhaupt nicht nachvollziehen. Jede*r von uns fühlt sich von anderen Dingen gestresst oder getriggert. Auch das hat mit unserem genetischen Stempel, der eigenen Prägungen und der Erziehung zu tun. Und selbst bei Geschwistern unterscheidet sich das persönliche Stressempfinden voneinander.

Mich stressen Situationen, in denen ich das Gefühl habe, ich muss alles alleine machen. Oder Situationen, in denen ich möglichst perfekt sein will, weil ich annehme, dass ich nur dann gemocht werde. Mein Bewusstsein weiß natürlich, dass das völliger Blödsinn ist. Aber mein Unterbewusstes durfte lernen, sich von diesen Gedanken zu befreien. Das Gefühl, perfekt sein zu müssen, hat mich zu Höchstleistungen angetrieben. Gleichzeitig hat es mich gestresst und oft fiel es mir schwer Hilfe anzunehmen. Die Erwartungen an mich selbst, hatte ich, unbewusst natürlich, auch gegenüber meinem Umfeld. Mein Mann hatte immer das Gefühl, dass er es mir nicht recht machen kann. Und auch er hat sich so bemüht und es versucht. Das hat unsere Beziehung sehr belastet.

Um herauszufinden, welche Stressfaktoren dir das Leben schwer machen, kannst du im Downloadbereich den Stresstyp-Test herunterladen. In der Auswertung dazu findest du hilfreiche und alltagstaugliche Lösungsvorschläge.

Als ich diesen Test vor ein paar Jahren gemacht habe, war ich vom Ergebnis nicht sonderlich überrascht. So ein bisschen kenne ich mich ja auch schon. Trotzdem hat es mir sehr geholfen, mich besser zu verstehen und entspannter mit mir umzugehen. Wenn ich heute nach Hause komme und es herrscht in meinen Augen das pure Chaos, kann ich gelassen damit umgehen. Früher war es so, dass ich erst einmal hektisch alles aufgeräumt und dann meiner Familie richtig eingeheizt habe. Heute kann ich meinen Kaffee in der Sonne im

Garten genießen und dem Unkraut beim Wachsen zuschauen.
Ich erkenne meine Muster und Gedanken und kann entsprechend reagieren. Ich kann mir und meiner Familie voller Liebe und Achtung begegnen. Statt rumzunörgeln, was vielleicht *nicht* gemacht wurde, wertschätze ich das, was gemacht ist. Weil ich diese blöde Erwartungshaltung über Bord geworfen habe, werde ich viel öfter positiv überrascht.
Wenn du dich von deinen Erwartungen löst, öffnest du dich für die Geschenke des Lebens. Du siehst viel mehr, weil dein Blick nicht mehr eingeschränkt ist. Einfach sein und spontan genießen können – wer wünscht sich das denn nicht? Und: Du kannst es.
Was aus Miriam und ihren Scheidungsabsichten geworden ist? Sie hat die Verantwortung für ihr Wohlbefinden übernommen. Mit Hilfe der Übungen und der Auflösung ihrer blockierenden Gedankenmuster ist es ihr gelungen, sich richtig glücklich zu fühlen. Sie ist förmlich aufgeblüht und hat wieder zu sich selbst gefunden.
Sie brauchte keine Trennung. Indem sie sich ihren Raum nahm, gab sie allen Familienmitgliedern die Chance, dasselbe zu tun. Jeder konnte seinen Weg gehen und dadurch konnten sie weiterhin gemeinsam gehen. Indem wir unsere eigenen Erwartungen erfüllen, nehmen wir unser Umfeld aus der Verantwortung, dies für uns zu tun.

Du stirbst – fang an zu leben!

Du zweifelst vielleicht immer noch ein bisschen. Weil, so unglücklich bist du ja nicht. Das Glück wartet ja. Später ist ja auch noch Zeit. Vielleicht ist es auch noch zu früh, um wirklich loszulassen. Zwar müssen die Fenster nicht immer geputzt sein, aber dafür brauchst du es für dein persönliches Seelenheil, dass deine Kinder immer vorzeigbar sind und sich benehmen.

Ich war selbst lange im Wenn-dann-Modus: *Wenn* die Kinder groß sind, *dann* haben Markus und ich mehr Zeit für einander. *Wenn* wir mehr Geld haben, *dann* schauen wir uns die Welt an. *Wenn* ich erst abgenommen habe, *dann* kleide ich mich richtig sexy. *Wenn* ich fitter bin, dann ...

Kennst du auch Sätze dieser Art? Sie sind absoluter Blödsinn. Denn dieses „Wenn" wird nie kommen. Wenn die Kinder groß sind, stellen Paare fest, dass sie sich nichts mehr zu sagen haben. Wenn das Geld da ist, gibt es andere Baustellen, z.B. Krankheiten. Wenn mehr Zeit da ist, etwa im Ruhestand, passiert irgendetwas anderes.

Das *Wenn* ist genau jetzt. Ziehe *jetzt* die sexy Klamotten an, wenn du das möchtest. Verbringe *jetzt* mehr Zeit mit deinem Partner. Schaue dir *jetzt* die Welt an.

Warum solltest du das tun? DU STIRBST! Fang bitte endlich an zu leben!

Ich meine es völlig ernst. Stell dir deine Timeline auf dieser Welt wie ein Metermaß vor. Die Durchschnittsfrau wird ca. 83 Jahre alt. Also nimm 83 Zentimeter. Jetzt schau, wie alt du bist. Ich bin 39. Ich habe also fast die Hälfte meiner statistisch gesehen zu erwartenden Lebenszeit erreicht.

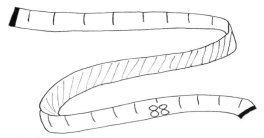

Wie so viele habe ich mich nicht sehr bewusst mit meiner Sterblichkeit auseinandergesetzt. Ich bin ja jung. Ich habe doch alle Zeit der Welt. Denkt man. Im September 2018 merkte ich, dass es mir nicht gut geht. Ich war schnell außer Atem, kam super schnell ins Schwitzen. Doch ich habe mir nicht viel dabei gedacht. Meine Kondition war halt schlecht. Mein Gewicht vielleicht zu hoch. Meine Kleidung falsch gewählt.
So ging das eine ganze Weile. Ich habe nicht viel Aufsehen darum gemacht. Bin weiter joggen gewesen (eher schnelles, sehr mühsames Walken), bin Rad gefahren und habe mich belastet. Und dann, im November, sind Markus und ich eine Runde spazieren gegangen. Für eine Runde, die wir sonst in 20 Minuten schaffen, brauchte ich fast eine Stunde. Ich bekam kaum Luft und der Schweiß lief mir aus jeder Pore. Es war furchtbar. Als wir endlich wieder zu Hause waren, habe ich meinen Blutdruck gemessen. Der war okay, aber ich hatte einen Puls von 180 und er beruhigte sich kaum.
Du ahnst es vielleicht: Ich kam direkt vom Arzt ins Krankenhaus. Diagnose: Vorhofflattern. Die erste Behandlung war

leider erfolglos und nach zwei Wochen fing es wieder von vorne an. Also erneut ins Krankenhaus. Diesmal zur minimalinvasiven OP. Dabei wurde unter örtlicher Betäubung eine Sonde in meinen Vorhof eingeführt, die Reizleitungsstörung gesucht und unterbrochen. Es war ein denkbarer Moment, den ich niemandem wünsche, als der Chefarzt nach der erfolgreichen Stimulation zu mir sagte: „Frau Lutum, wissen Sie eigentlich, was für ein Glück Sie haben? Sie haben einen Puls von über 300 Sachen in ihrem Vorhof. Dass Sie noch am Leben sind und weder einen Schlaganfall noch einen Herzinfarkt bekommen haben, ist wirklich ein Wunder."

Glaub mir, ein geputztes Haus, wohlerzogene Kinder und eine glückliche Fassade sind mir heute scheißegal. Ich habe keine Sekunde über die Dinge nachgedacht, die ich mal gesagt oder getan habe. Ich habe auch nicht an geputzte Fenster oder an ein ordentliches Haus gedacht. Ich dachte nur an all die Dinge, die ich noch tun wollte. Die Dinge und Bereiche meines Lebens, die ich noch vor mir habe.

Diese Erfahrung hat meine Perspektive auf mein Leben völlig verändert. Mir wurde schlagartig bewusst, was mir wirklich wichtig ist und was nicht. Und ich wünsche mir, dass dir das bewusst wird, ohne dass du dem Tod ins Auge blicken musst! Denn machen wir uns nichts vor. Perfektionismus ist wie ein Hamsterrad. Du wirst ackern und schuften, aber das Gefühl, dass es gut genug ist, wirst du nicht bekommen. Dein Ego findet immer Gründe, warum es nicht reicht.

Was würdest du tun, wenn dein Leben bald zu Ende wäre?

Und deshalb möchte ich, dass du überlegst: Wenn du wüsstest, dass dein Leben bald zu Ende ist, was würdest du tun?

- Welche Dinge wären dir wichtig?
- Wovon würdest du weniger tun?
- Wie viel Zeit würdest du dir am Tag für dich nehmen?
- Wofür wärst du dankbar?
- Welche Träume würdest du noch verwirklichen?
- Mit welchen Menschen würdest du mehr Zeit verbringen?
- Mit welchen Menschen würdest du weniger Zeit verbringen?
- Welchen Hobbys würdest du dich widmen?
- Welchen Menschen würdest du öfter sagen, dass du sie liebst?
- Mit wem würdest du dich sofort versöhnen oder wem würdest du verzeihen wollen?
- Was würdest du noch tun wollen?

Diese Fragen zu beantworten, kann eine sehr mächtige Wirkung haben. Es verändert deinen Fokus. Es kann dir klar werden, mit wem oder was du deine wertvolle Lebenszeit vergeudest oder wem du zu wenig deiner wertvollen Zeit widmest.
Denn auch wenn du nicht in naher Zukunft sterben wirst – begrenzt ist deine Lebenszeit auf jeden Fall. Wir tun nur alle so, als hätten wir noch ein zweites Leben in Reserve

Höre auf, dich zu vergleichen

Maria ging es richtig schlecht. Sie war gefangen in ihren negativen Gedanken über sich und fühlte sich wie eine Versagerin: als Mutter, als Frau, als Maria. „Alle anderen ...", damit fing sie an. „Ich mache das so schlecht. Ich bin ja so blockiert. Die anderen schaffen das doch auch. Ich will so gerne endlich frei sein."
Meine erste Frage an sie war: „Wer setzt denn die Messlatte so hoch?"
Sie überlegte etwas irritiert. „Ich glaube, dass bin ich selber. Ich sehe, wie gut andere das alles hinbekommen. Und deshalb denke ich, dass ich ein totaler Looser bin."
Warum orientieren wir uns so im Außen? Und vor allem nur an dem, was wir sehen?
Das hat etwas zu tun mit einem Phänomen, das man sich wie eine Brille vorstellen kann, die nur bestimmte Farben durchlässt. Wenn wir auf ein Thema fokussiert sind, nehmen wir vor allem Informationen zu diesem Thema wahr. Andere Informationen und Wahrnehmungen, die möglicherweise genauso wichtig sind, blenden wir dagegen aus.

Marias Thema war, dass sie sich durch besondere Leistungen profilieren wollte. Sie war in einem andauernden Konkurrenzkampf. Dieses Thema begleitete sie schon seit ihrer Kindheit. Sie hatte immer das Gefühl, ihre Geschwister hätten es leichter. Und das Gefühl war, dass sie allen beweisen musste, wie gut sie es kann.

Wie gut sie war und wie großartig ihr Potenzial ist, hat sie überhaupt nicht gesehen. Der Fokus war auf etwas anderes gerichtet. In jedem Lebensbereich hat sie gesehen, was sie sehen wollte. In ihrem Beruf waren so viele (vermeintlich) besser als sie. Bei Treffen in großen Gruppen hat sie sich sehr unwohl gefühlt. Sie hatte das Gefühl, beäugt zu werden, nicht richtig zu sein. Die anderen Frauen sahen so viel besser aus. Die anderen Frauen haben so viel mehr gestrahlt. Die anderen Frauen hatten alles im Griff.

Das ist eine selektive Wahrnehmung. Wenn die Brille so eingestellt ist wie bei Maria, sieht man auch nur das, was man sehen will.

Wie stark dieses Phänomen wirkt, erlebt man immer wieder bei magersüchtigen Menschen. Sie betrachten sich im Spiegel und sehen: Fett, Rettungsringe, Übergewicht. Dabei sehen andere: Haut, Knochen, Unterernährung.

Maria wusste, dass sie die Dinge sah, die ihre tiefen inneren Überzeugungen spiegeln:

- nicht genug zu sein
- nicht gut zu sein
- nichts zu können
- keinen Instinkt zu haben
- es immer besser machen zu müssen.

Diese inneren Überzeugungen entstehen im Unterbewusstsein. Das prägt das RAS (Retikuläre Aktivierungssystem) und natürlich prägt es die selektive Wahrnehmung. Man nimmt also im Außen das vermehrt wahr, was man selbst gerne hätte. Die tollen Beziehungen, die supertolle Figur, das attraktive Aussehen, die so einfachen Kinder, der interessante Job, die schönen Reisen.
Die selektive Wahrnehmung liefert auf dem Silbertablett, was man sehen will. Und das ist genau der Punkt: Woher weiß man, ob das auch richtig ist, was man annimmt? Im Kopf entsteht eine Wahrheit über andere, alleine aufgrund der Gedanken.

Bei wem denkst du: Das hätte ich auch gerne, die macht das so viel besser als ich?
Die Kollegin, die immer so fröhlich und gut gelaunt zur Arbeit kommt?
Die Nachbarin, die Haushalt, Job, Kinder super unter einen Hut bringt?
Die Mutter im Kindergarten, deren Kind immer macht, was sie sagt und nie Zahnpastareste im Gesicht hat?
Deine Geschwister? Deine Freundin?

Was für Gedanken machst du dir über das Leben von anderen?

Ich bin immer wieder überrascht, wie interessant das Leben von anderen Leuten sein kann. Und welche Gedanken das bei anderen Frauen auslöst. Am spannendsten finde ich, welche Auswirkungen das auf das eigene Sein hat. Entweder löst dieses Verhalten eher bösartige Gefühle aus, also Neid, Missgunst, Schadenfreude, oder Bewunderung und Überhöhung.

Maria war an einem Punkt, an dem es ihr gereicht hat. Ihr Leidensdruck war enorm, denn dieses ewige Vergleichen hat sie kreuzunglücklich gemacht. Und genau da haben wir in unserer Arbeit angesetzt. Und zwar mit einer Frage, die eine andere Perspektive ermöglicht.

Woher weiß man denn, dass die Kollegin immer fröhlich und gut gelaunt ist? Nimmt man sie wirklich 24 Stunden am Tag wahr? Nein, man erlebt nur einen kurzen Zeitabschnitt und daraus bildet sich eine pauschale Meinung. Woher weiß man, dass sie nicht einfach nur froh ist, von zu Hause wegzukommen, weil sie vielleicht Menschen in ihrem Umfeld hat, die ihr das Leben schwermachen? Weil ihr Arbeitsplatz ein Zufluchtsort ist? Woher weiß man, wie es in der Kollegin wirklich ausschaut?

Woher weiß man, dass die Nachbarin alles gut unter einen Hut bekommt? Vielleicht herrscht hinter der Haustür das totale Chaos? Vielleicht hat sie Lösungen gefunden, die man von außen gar nicht sieht. Wer weiß denn, welche Prioritäten sie hat? Welche Werte da sind?

Die Mutter im Kindergarten? Woher weiß man, dass sie *nie* Diskussionen mit ihrem Kind hat? Dass alles immer rund läuft? Wie kommt man denn auf die Idee, bei anderen gäbe

149

es keine Konflikte, nur weil man fünf Minuten gemeinsam im Kindergartenflur steht?

Indem wir uns mit anderen vergleichen, stirbt unsere Individualität. Es gibt so viele unterschiedliche Farben, wie doof wäre es denn, nur Schwarz oder Weiß zu sehen, richtig oder falsch, gut oder schlecht? Doch genau das passiert, wenn wir uns vergleichen, und zwar in Sekundenschnelle.

Maria hat ihre Individualität völlig vergessen. Sie hat auch nie erfahren oder beigebracht bekommen, dass sie großartig ist, genau so, wie sie ist. Dabei hatte Maria eine glückliche Kindheit und ihre Eltern haben sie auch nicht traumatisiert. Sie hätte nur einfach etwas mehr gebraucht, als sie bekommen hat. Doch Maria ist kein Kind mehr. Sie hat in unserer Arbeit gelernt, sich aus diesen Denkmustern zu befreien. Wir konnten gemeinsam ihre Glaubenssätze aufdecken.

Sie war nicht wie ihre Freundinnen oder ihre Kolleginnen. Wie denn auch? Sie ist doch Maria. Doch da sie selbst ihre Messlatte so hoch gehängt und sich so viel mit anderen verglichen hat, konnte sie ihre Stärken und ihre Eigenschaften gar nicht mehr sehen.

Sie hat sich so hart verurteilt. Eine schlechte Ehefrau, eine schlechte Mutter, eine schlechte Arbeitnehmerin. Selbst bei ihren Hobbies genügte sie ihren Ansprüchen nicht. Und das nur aufgrund ihrer Gedanken. Es waren ja keine Tatsachen. Keiner hat ihr gesagt, dass sie eine schlechte Mutter sei. Sie hat wahrgenommen, auch mit ihrer selektiven Wahrnehmung, wie es in anderen Familien abläuft. Und das hat ihre Wünsche und ihre Sehnsucht gefüttert. Dass sie ein tolles Verhältnis zu ihren Kindern hat, hat sie gar nicht gesehen. Am Anfang unserer Arbeit wollte sie es auch nicht sehen. Sie hat sich so geweigert, ihre Vorzüge, ihre Individualität als hervorragend anzusehen. Immer wieder kam das, was sie *nicht* hatte – aber die anderen – auf den Tisch. Sie wollte unbedingt Recht haben. Ihr Ego hat sich auf ihr Versagen gestürzt und ihre selektive Wahrnehmung hat ihr vor Augen geführt, was sie sich wünscht, aber nicht hat.

Raus aus dem Teufelskreis
Und wie kommst du raus aus diesem Teufelskreis? Die effektivste Methode ist: Höre auf damit, dich mit anderen zu vergleichen. Doch wenn das so einfach wäre, dann würden wir es ja alle schon längst tun. Ein Verhalten, das so tief in uns eingeprägt ist und über Generationen weitergegeben wurde, lässt sich sicher nicht so einfach ändern. Oder vielleicht doch?
Wie schnell du etwas an dir und deinem Verhalten ändern kannst, bestimmst nur du. Wenn du sagst und denkst, die Veränderung dauert lange, dann wird es so passieren. Deine Intention.
Wenn du sagst, das geht jetzt ganz schnell, ich kann das, dann wird es so passieren. Deine Intention.
Du bestimmst deine Wahrheit. Du bestimmst, wie schnell sich etwas ändern kann.
Hier ein paar Ideen, wie du deine Veränderung beginnen kannst!

- Führe dir vor Augen, dass du du bist. Dich gibt es auf dieser Welt nur einmal. Wieso solltest du etwas wie die anderen tun? Wieso solltest du jemanden nachahmen oder denken, dass jemand anderes es besser macht als du? Das ergibt keinen Sinn. Du machst es auf deine Weise genau richtig. Und das sollte in deinen Zellen gespeichert sein. Genau das darfst du spüren. Den Nörgler*innen und Zweifler*innen zu glauben, fällt uns leicht. Selbst der eigenen kritischen Stimme glauben wir mehr als der Träumerin in uns. Doch die Träumerin ist genauso wichtig. Wir sind nicht nur Entweder-oder, wir sind Sowohl-als-auch. Also lass deine Zweifler*innen quatschen und labern, denn die wirst du *nie* befriedigen. Die werden dir nie sagen: Hast du super gemacht. Das musst du schon selber tun. Also zeige der Welt deine Individualität. Denn dafür bist du hier. Wir brauchen dich. Wir brauchen deine Lösungen. Wir brauchen deine Weltanschauung. Es ist genau richtig.

- Du weißt nie, was du siehst. Du hast eine Brille auf der Nase mit Gläsern, die deinen Erwartungen entsprechen. Also siehst du, was du sehen willst. Das bedeutet, dass deine Wahrnehmung total gefaked ist durch dein Reizthema. Was meinst du, wie viele supertolle Buchautor*innen ich gesehen habe, während ich dieses Buch geschrieben habe? Und wie gut die sich ausdrücken können! Ich bin genauso in die Falle getappt. Und es hat mir geholfen zu wissen: Du siehst nur, was du sehen willst. Ich habe keine Ahnung, wie die Umstände, die Mühe, die Möglichkeiten bei anderen sind. Ich nehme nur wahr – und das leider nicht mal objektiv. Also habe ich aufgehört, in sozialen Medien die Posts anderer Autor*innen zu lesen. Ich habe mich auf mich konzentriert. Ich kann nicht wie jemand anderes schreiben. Ich schreibe eben wie ich.

- Werde dir bewusst, was genau dein Reizthema ist. Ist es deine Figur? Ist es deine Familie? Ist es dein Job? Wo vergleichst du dich mit anderen? Dieses Vergleichen kommt aus dem Gefühl, nicht gut genug zu sein. Wo genau liegt das? Was triggert dich so? Was führen dir andere vor Augen, was dir vermeintlich fehlt? Je besser du dein Reizthema kennst, desto einfacher wird es, bei dir zu bleiben, die andere anzulächeln und zu beobachten, was deine Wahrnehmung dir gerade präsentiert.
- Woher weißt du, was wirklich ist? Denk daran, dass du nur die Fassade siehst. Du siehst nur die Äußerlichkeiten. Du siehst nur bis zur Haustür. Woher weißt du, was jemand anderes gut hinbekommt und was nicht? Weil sie es dir so sagen? Ja, klar. Wenn das so wäre, dann hätte ich, mit Verlaub, wirklich wenig zu tun. Wenn so viele Frauen wirklich alles perfekt machen würden, dann frage ich mich, wen die Werbung mit ihren Produkten ansprechen möchte. Sisterhood ist neu. Frauensolidarität ist neu. Frauen wurden zu Rivalinnen erzogen. Selbst unter Schwestern wurde rivalisiert und konkurriert. So viele Frauen kämpfen und halten Fassaden aufrecht, aus Angst, dass jemand, besonders andere Frauen, ihre Schwachstellen sehen. Aus Angst, dass dann darauf rumgehackt wird, lächeln sie und sagen: Alles gut. Uns geht es so gut. Aha. Ich habe vor vielen Jahren auf einer Party auf die Frage, wie es uns so gehe, geantwortet: „Ehrlich: Scheiße. Es ist schwierig. Unsere Beziehung ist schwierig und ganz sicher nicht rosig." Ich habe meiner Gesprächspartnerin nichts vorgeheult, sondern einfach nur gesagt, was wirklich ist.

Und sie hat mich total erstaunt angeschaut und meinte: „Ihr habt Probleme und du sagst das so offen und direkt? Wow. Erstens habe ich immer angenommen, bei euch läuft alles rund, und zweitens hat mir noch nie eine andere Frau ehrlich gesagt, wenn es nicht gut läuft." Da war ich schon beeindruckt. Also, glaube nicht alles, was du denkst.

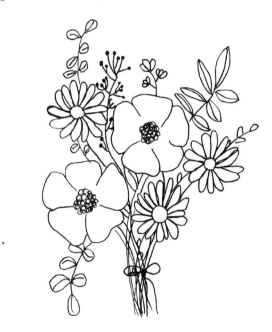

Rivalität zwischen Frauen
In so mancher Gruppe von Frauen, in denen das Vergleichen an der Tagesordnung ist, passieren die verwunderlichsten Sachen. Entweder werden Frauen aufgrund ihrer Außenwirkung in den Himmel gelobt oder in der Luft zerrissen. Mit großer Selbstverständlichkeit wird geurteilt, bewertet, ver-

urteilt. Andere Frauen, Männer, Kinder, Chef*innen ... Welcher Mann macht es am schlechtesten? Welcher Mann kümmert sich am wenigsten um seine Kinder? Es sind keine Gespräche voller Wertschätzung, Zuneigung und Liebe, sondern Gespräche, in denen der eigene Partner völlig zerrissen wird. Versteh mich bitte nicht falsch. Auch ich rege mich über manches bei meinem Partner auf. Aber das weiß Markus. Ich brauche keine Frauengruppe, um mich darüber auszulassen, wie unzulänglich mein Mann doch ist. Doch genau das tun viele Frauen. Anstatt mit dem Betroffenen – also dem Partner –, zu sprechen, ziehen sie in seiner Abwesenheit vom Leder. Und wehe der Frau, die gerade nicht da ist. Die erwischt es dann auch richtig. Natürlich ohne ihr Wissen. Wenn man sich das nächste Mal trifft, wird ihr stumpf ins Gesicht gelächelt.

Welche Motivation steckt da dahinter? Wie unzufrieden und unglücklich muss ich sein, dass ich so über andere rede? Dass ich über den Menschen, den ich aufrichtig liebe, vor anderen so schlecht rede? Und wieso zerpflücken sich Frauen gegenseitig und machen sich so nieder? Da wird sich in einer Tour über das, was sie *nicht* wollen und was sie doof finden, unterhalten.

Wieso verschwenden wir damit wertvolle Ressourcen? Weil sich Menschen nach Gerechtigkeit sehnen? Weil so viele Frauen immer noch im Mangel leben und denken, zu kurz zu kommen? Ich weiß es nicht und möchte auch nicht urteilen. Ich bin keine Richterin – doch mittlerweile eine sehr gute Beobachterin.

Was ich gelernt habe: Unser Verhalten und unsere Worte bilden eine Resonanz. Was man sagt und aussendet, bekommt man auch zurück. Diese Weisheit habe ich nicht erfunden, es sind die karmischen Regeln und das Gesetz der Anziehung.

Die Karmischen Gesetze und was sie für deinen Alltag bedeuten

Sowohl über Karma als auch über das Gesetz der Anziehung gibt es so viele Bücher und Meinungen, deshalb fasse ich sie hier nur kurz zusammen, ohne tiefer einzusteigen.
Wenn du dich intensiver mit dem Thema beschäftigen willst, kann ich dir die Webseite https://mindmonia.com/de/karma/ empfehlen (mindmonia, 2020). Auch meine Zusammenfassung beruht darauf.

Das Gesetz von Ursache und Wirkung
Dieses Gesetz ist wohl das bekannteste Gesetz. Einfach ausgedrückt, besagt es, dass deine Gedanken und deine Handlungen Konsequenzen haben. Mit anderen Worten: Was du gibst, ist auch das, was dir gegeben wird. Du möchtest ein Familienleben voller Wertschätzung und Harmonie? Dann trete deinen Mitmenschen voller Wertschätzung und Harmonie entgegen.
Dieses Gesetz wird oft als „Karma" bezeichnet. Kennst du vielleicht. Du sagst etwas Abfälliges oder denkst etwas Schlechtes und eine Taube kackt dir im Flug auf die Jacke. Es gibt in diesem Gesetz große Überschneidungen mit dem Gesetz der Anziehung.

Das Gesetz der Schöpfung
Auch in diesem Gesetz finden wir große Überschneidungen mit dem Gesetz der Anziehung. Denn das Gesetz sagt, dass du aktiv investieren musst für die Dinge, die du haben möchtest. Erschaffe dir durch dein aktives Tun das Umfeld, in dem du dich wohlfühlst. Das Umfeld ist hier ganz besonders wich-

tig, da es einen großen Einfluss auf dich und dein Wohlergehen hat. Wenn du also unzufrieden bist, nimm dein Umfeld genau unter die Lupe. Wo beeinflusst es dich? In welchen Bereichen darfst du entscheiden, etwas zu ändern?

Das Gesetz der Bescheidenheit
Dieses Gesetz besagt, dass du die Dinge, die schon da sind, akzeptieren musst, um sie zu ändern. Du kannst deine Richtung erst dann ändern, wenn du bereit bist, dich mit den unbequemen Wahrheiten über dein Verhalten auseinanderzusetzen. Wenn du andere für deine Taten oder dein Verhalten verantwortlich machst, bist du nicht im Einklang mit der Realität. Du verleugnest deine eigenen Fehler. Dadurch stehst du dir selbst im Weg und machst ihn nicht frei für eine gute Zukunft. Hier geht es um dein persönliches Wachstum. Du hast alles, was du dafür brauchst. Jede Veränderung beginnt mit dir. Schau dir an, was du an deinem Umfeld gerne verändern würdest. Was wünschst du dir? Dann sei du diese Veränderung, die du dir wünschst. Oftmals versuchen wir, den Menschen in unserem Umfeld zu sagen, was sie lassen oder tun sollen. Doch so funktioniert es nicht. Es funktioniert nur, wenn wir dieses Verhalten an uns selbst ändern. Es ist so wichtig, dass wir uns auf unsere eigene Entwicklung konzentrieren und nicht kontrollieren wollen, wie sich die anderen entwickeln.

Das Gesetz der Verantwortung
Du bist Schöpfer*in deines Lebens. Alles, was du in deinem Leben hast, ist da aufgrund deines Tuns und Denkens. Übernimm die Verantwortung für die Dinge, die du erschaffen hast. Du entscheidest, mit welchen Menschen du dich

umgibst. Du entscheidest, an welchen Orten du dich aufhalten möchtest. Mach dir klar, dass es keine Fehler gibt. Fehler sind wichtig – du lernst mehr aus ihnen als aus Erfolgen. Schau also genau hin: Was um dich herum passiert, ist ein Abbild dessen, was in dir vorgeht.

Das Gesetz der Verbindung
Alles ist miteinander verbunden. Jede Handlung, völlig egal, ob sie dir unwichtig oder wichtig vorkommt, hat eine Auswirkung auf dich und dein Umfeld. Kümmere dich also auch um die kleinen Aufgaben, damit andere Dinge in dein Leben treten können. Es gibt keine festgelegte Priorisierung deiner Aufgaben. Egal ob dir die Aufgabe klein oder groß vorkommt, die Bedeutung für die Erreichung deiner Ziele ist vollkommen gleich. Das Gesetz besagt außerdem, dass Vergangenheit, Gegenwart und Zukunft eng miteinander verbunden sind. Um die Kontrolle über deine Gegenwart und Zukunft zu erlangen, muss die schlechte Energie (oder Karma) aus deiner Vergangenheit beseitigt werden.

Das Gesetz des Fokus
Menschen können nicht an zwei Sachen gleichzeitig denken. Du kannst dich zur selben Zeit nur auf eine Sache konzentrieren. Dass der Mensch nicht multitaskingfähig ist, ist kein Geheimnis mehr. Dennoch verlieren sich viele Menschen in der Vielzahl ihrer Gedanken. Um den Fokus neu auszurichten und die Energie zu halten, ist Meditation sehr hilfreich. Richte deine Aufmerksamkeit auf eine Aufgabe, um sie bestmöglich zu erfüllen. Dein Verstand ist einfach nicht in der Lage, mehrere Dinge gleichzeitig zu tun. Was tust du nun, wenn du mehrere Aufgaben hast, die alle gleichermaßen

wichtig sind? Bleib bei dir. Gehe Schritt für Schritt. Schau, welcher Aufgabe du deine Zeit widmest. Setze Prioritäten.

Das Gesetz des Gebens

Das Gesetz des Gebens wird auch das Gesetz der Gastfreundschaft genannt. Es besagt, dass, wenn du an eine bestimmte Sache glaubst, du die Gelegenheit bekommen wirst, das zu beweisen. Dein Verhalten sollte also zu deinem Denken passen. Wie ist deine Verbindung von Glauben und Praxis? Gibst du aus tiefer, innerer Überzeugung oder aufgrund von äußeren Einflüssen? Wenn du beispielsweise Geld spendest, tust du es aus tiefer Überzeugung oder weil dir die Anerkennung der Leute wichtig ist?

Das Gesetz des Hier und Jetzt

Dieses Gesetz rät davon ab, zurückzublicken oder in die Zukunft zu schauen. Es fordert dich auf, im gegenwärtigen Moment zu leben und diesen auch zu genießen. Nur im Hier und Jetzt kannst du entscheiden, wohin du gehen möchtest. Wenn du zurück oder in die Zukunft schaust, bist du außerhalb deines Handlungsbereichs. Alte Gedanken, Erinnerungen, Gewohnheiten und Träume hindern dich daran, im Hier und Jetzt wirklich zu sein und deine Richtung zu bestimmen.

Das Gesetz der Veränderung

Dieses karmische Gesetzt besagt: Die Vergangenheit wiederholt sich, bis du aus ihr lernst und eine neue Richtung einschlägst. Wenn du also nicht zufrieden bist, dann schau auf deine Vergangenheit und schaue, dass du einen neuen Weg einschlagen kannst. Lerne aus deiner Vergangenheit. Lass die Dinge, die nicht funktionieren oder dir nicht dienlich sind, los. Das ist der Weg aus der Schleife heraus. So wirst du in der Lage sein, eine bessere Zukunft für dich zu kreieren.

Das Gesetz der Geduld und Belohnung

Dieses karmische Gesetzt besagt, dass jede Belohnung eine gewisse Vorarbeit und Geduld erfordert. Es gibt kurzfristige und langfristige Ziele. Stell dir vor, du hast ein kurzfristiges Ziel und ein langfristiges. Das kurzfristige erreichst du im Handumdrehen. Das langfristige erfordert gewisse Opfer, Anstrengungen und Zeit. Wenn du das langfristige Ziel erreicht hast, wirst du es mehr wertschätzen als das kurzfristige, weil du mehr Geduld und Anstrengung investiert hast. Du nimmst deinen Erfolg als größer wahr. Zusammengefasst bedeutet es also: Langfristige Belohnungen erfordern Geduld und ständige Arbeit.

Das Gesetz der Bedeutung und Inspiration

Dieses Gesetz ist ähnlich wie das Gesetz der Geduld und der Belohnung. Du bekommst, was du verdienst. Damit meint dieses Gesetz, dass dein Schlüssel zum Erfolg in der Energie und Liebe liegt, die du in etwas steckst. Jeder Einsatz von dir ist ein Investment in das „große Ganze" (dein Umfeld). Wenn du also mal denkst, dein Tun und dein Wirken seien bedeutungslos, ist dieses Gesetz ein richtiger Motivationsschub. Es erinnert dich daran, dass alles, was du leistest, egal wie groß oder klein dein Beitrag sein mag, dein Umfeld beeinflusst. Wenn du dann auch noch liebevolle Energie in dein Tun legst, dann ziehst du auch mehr positive Energie in dein Leben. Deine Belohnung ist das Ergebnis der Energie und Liebe, die du in etwas investierst.

Was ich noch hinzufügen möchte
Karma ist ein spirituell-religiöses Konzept, das auf zwölf Regeln beruht. Es hat nichts mit Schicksal, universeller Gerechtigkeit oder Bestrafung zu tun, sondern steht für einen behutsamen und aufmerksamen Lebensstil. Eine Regel zu brechen, führt nicht dazu, dass man bestraft wird, wie oftmals angenommen. Ich sehe die Karmischen Gesetze als Richtlinien, die mich im Alltag immer wieder daran erinnern, wie wichtig Selbstreflexion, Motivation, Verantwortung und Ehrgeiz in meinem Leben sind.

Wenn du jetzt an die oben beschriebenen Gespräche in Frauengruppen denkst – was senden sie denn aus? Welche Konsequenzen entstehen nach diesen Prinzipien? Führen Frauen, die so über ihre Männer herziehen, liebevolle und tiefe Beziehungen? Wohl kaum.

Frauen, die so über andere Frauen herziehen – in deren Abwesenheit oder auch, wenn die besagte Dame mit am Tisch sitzt –, wollen richtige Freundschaften führen? Wie soll das denn gehen?

Mir geht es nicht darum, diese Frauen zu verurteilen. Ich habe lange Zeit viele dieser bewertenden Frauen in meinem Umfeld gehabt und ich kannte es nicht anders. Doch ich kann und möchte diese Frauen nicht mehr in meinem Umfeld haben. Meine Energie ist mir dafür zu schade. Diese Frauen werden einen Grund haben, warum sie sich so verhalten. Das ist okay. Und für mich ist es okay, dass ich mich davon distanziere.

Es sind viele wundervolle Sachen in meinem Leben passiert, seit ich mich auf meine Reise gemacht habe. Meine Individualität zeigt sich viel deutlicher. Die Beziehung zu meinem

Mann und meinen Kindern ist lebendiger und liebevoller geworden. Und ein wichtiger Punkt sind meine wunderbaren Schwestern. Ich habe eine biologische Schwester – und so viele Seelenschwestern. Sisterhood.

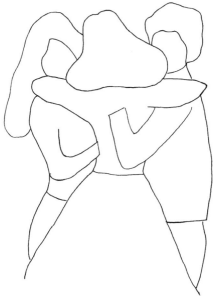

Seit ich mich aus alten Verbindungen gelöst habe, bin ich frei. Frei für wunderbare Frauen, die sich gegenseitig unterstützen und füreinander da sind. Die sich sagen, wie großartig sie sind. Die ich so gerne umarme, weil sie eine wunderbare Energie haben.

Es sind oberflächige und toxische Freundschaften und Bekanntschaften gegangen und heilende und nährende Freundschaften konnten entstehen. Das, was vorher schon gut war, wurde noch besser, noch schöner. Das, was vorher weh tat und doof war, konnte einfach gehen.

Warum ich dir das sage? Ich möchte dir Mut machen. Ich glaube an Karma. Ich glaube an dich. Ich möchte, dass du deine Großartigkeit lebst. Ich möchte, dass es dir in deinem

Umfeld wirklich gut geht. Ich möchte, dass du verstehst, dass du einen Preis dafür zahlst, wenn du dich mit anderen vergleichst, wenn du andere miteinander vergleichst. Und in den meisten Fällen zahlst du mit deiner Individualität und deiner Zufriedenheit.

Es kommt niemand, der dir die Erlaubnis dazu gibt loszulegen. Das bist du selbst! Leg die Ketten ab, die dich festhalten. Mach es wie Maria. Sie hat sich befreit. Als sie ihre Denkmuster und ihre Glaubenssätze erkannt hatte, gab es kein Halten mehr. Sie war bereit, ihre Vergleiche loszulassen. Sie hat angefangen, an ihr Potenzial zu glauben und ihre Leistungen wertzuschätzen. Dadurch hat sie ihre Großartigkeit gelebt. Sie hat sich befreit von allem Druck, den sie sich selbst gemacht hat. Sie hat die Karmischen Gesetze in ihr Leben geholt und praktiziert sie.

Und die Vergangenheit?

Manchmal ziehen wir die Umstände und das Umfeld als Entschuldigung dafür heran, warum unser Leben so ist, wie es ist. Aber es kommt immer darauf an, was wir daraus machen. Kennst du folgende Geschichte?

 „In einer Studie wollte man feststellen, welchen Einfluss das Umfeld und die Umgebung auf die Entwicklung eines Menschen haben. An dieser Studie nahmen auch zwei eineiige Zwillingsbrüder teil, deren Vater ein Alkoholiker war und mehrere Straftaten begangen hatte. Er saß dafür mehrere Jahre hinter Gitter. Auch einer der Brüder war Alkoholiker und kam häufig mit dem Gesetz in Konflikt. Der andere Zwillingsbruder hingegen war ein erfolgreicher Geschäftsmann, glücklich verheiratet und hatte zwei Kinder. Im Zuge dieser Studie wurde beiden die gleiche Frage gestellt: ‚Woran liegt es, dass Sie zu dem geworden sind, was Sie sind?' Und beide Zwillingsbrüder hatten die gleiche Antwort parat: ‚Was sollte aus mir bei so einem Vater auch werden?'"
(Quelle unbekannt)

Ich finde die Geschichte höchst bemerkenswert und lese sie oft in meiner Praxis vor. Und zwar zu einem ganz bestimmten Zeitpunkt. Jede von uns hat ihre Geschichte. Es müssen keine „schlimmen" Traumata entstanden sein. Wobei „schlimm"

hier bewusst in Anführungszeichen steht – denn wer sagt denn, was schlimm ist und was nicht? Ist verbale Gewalt weniger dramatisch als Ohrfeigen und Schläge? Ist unbewusstes Verhalten und Verletzen weniger einprägsam? Hat es weniger Tragweite, Kinder zu reglementieren und klein zu halten? Dass körperliche Gewalterfahrungen und sexualisierte Gewalt starke Prägungen hinterlassen, ist selbstredend. Doch was ist mit den Prägungen, die nicht so eine Dramatik haben? Wurden Kinder, die von ihren Eltern alles bekommen haben, mit Samthandschuhen angefasst wurden und sehr behütet aufgewachsen sind, etwa nicht negativ geprägt? Doch, wurden sie. Es fällt ihnen nur nicht so leicht, das anzuerkennen. Weil sie es ja gut hatten. Wenn einem Kind offensichtliche Misshandlungen widerfahren, dann kann das Kind wütend sein. Es erfährt Verständnis und Mitgefühl von der Außenwelt. Es weiß offensichtlich, dass ihm etwas angetan wurde. Es weiß, dass das so, wie es passiert ist, nicht richtig ist. (Auch wenn es sich für Kinder, die unter Misshandlungen aufwachsen, normal anfühlt, dass Schläge und Gewalt zum Alltag dazugehören.)
Versteh mich nicht falsch: Es ist für mich immer wieder unfassbar schlimm, was Kindern widerfährt. Es soll in keiner Weise das Leiden herabsetzen. Doch nicht nur Kinder, die offensichtlich Gewalt erfahren, leiden.

„Ich hatte es doch gut!"

Jasmin suchte mich auf, weil ihr der Alltag so schwerfiel. Sie hatte einen tollen Job und führte eine liebevolle Beziehung. „Ich weiß gar nicht, warum ich hier bin. Eigentlich habe ich gar keinen Grund, so traurig zu sein", meinte sie gleich zu Beginn unseres ersten Treffens. Doch genau das war sie: traurig. All das Glück, das sie scheinbar hatte, konnte sie überhaupt nicht fühlen. Aber sie war ja „nicht so unglücklich".

Diese Aussage fand ich sehr spannend und bat sie, mir zu erzählen, was das denn bedeute.

Und sie fing an zu erklären: Sie hatte eine gute Kindheit. Ihre Eltern, na klar, hatten auch Makel, dennoch war alles ganz normal. In ihrer Jugendzeit, ja, da gab es doofe Cliquen am Gymnasium, die sie ganz schön fertig gemacht haben, aber das hätten andere ja auch erlebt. Jetzt hatte sie tolle Freundinnen und einen tollen Partner. Sie könnte Urlaub machen, wie sie wollte. Auch die Karriereleiter konnte sie hochklettern. Also von außen betrachtet, sei doch alles gut. Es gab keinen Grund, unglücklich zu sein.

Mein Impuls war: „Okay, wenn wir die Bewertungen von außen mal weglassen, wie fühlt sich dein Leben dann an?"

Da fing sie an zu weinen. Sie schaute mich an und sagte zögernd: „Langweilig. Geplant. Fad."

Ich habe sie dann gefragt: „Warum führst du ein langweiliges, geplantes und fades Leben?"

Jasmin meinte: „Weil mir das so beigebracht wurde."

Sie war selbst völlig erschrocken über dieser Erkenntnis. Ich fragte sie, wie ihre Kindheit war. „Normal", war die Antwort. „Meine Eltern waren gut zu mir. Ich habe leider keine Geschwister – als Kind war ich darüber sehr unglücklich, aber heute weiß ich, dass es meiner Mutter aus gesundheitlichen Gründen nicht möglich war, noch ein Kind zu bekommen."

Sie erzählte von tollen Urlauben und dass sie als Kind wirklich alles bekommen hatte, was sie wollte.

Und ich fragte sie: „Wie war das, wenn du mal etwas nicht wolltest? Wenn du richtig bockig und mit dem allem nicht einverstanden warst?"

Sie musste etwas lachen – das gab es nie. Es war alles immer gut. Zugegeben, da musste ich auch lachen. „Als Pubertier war für dich alles gut? Was deine Eltern dir gesagt und vorgeschrieben haben, war für dich in Ordnung? Hast du jemals rebelliert?"

„Nein", antwortete Jasmin, „dafür gab es einfach keinen Grund."

„Und jetzt führst du ein langweiliges Leben. Wundert dich das? Du hast ja nie etwas anderes getan."

Es fiel Jasmin unheimlich schwer, das zuzugeben, weil sie sich ihren Eltern so verbunden fühlte. Weil sie dachte, dass nur etwas Böses unsere Prägung negativ beeinflusst.

Doch so einfach ist es nicht. Natürlich beeinflusst uns unsere Vergangenheit. Auch wenn du noch so eine schöne Kindheit gehabt hast, noch so liebevolle Eltern, kann es dennoch sein, dass dein Unbewusstes negative Erfahrungen gemacht hat. Jasmin und ich haben gemeinsam herausgefunden, dass sie gerne gefallen und den Erwartungen entsprechen wollte. Sie war ihren Eltern so dankbar, dass für sie Rebellion überhaupt nicht infrage kam. Aber ihre Seele hat sich danach gesehnt: verrückt sein, Abenteuer erleben, ausbrechen. Doch es waren einige unbewusste Ängste aktiv, die sie davon abgehalten haben. Eine Angst war, dass sie ihre Eltern verärgert oder verliert, wenn sie nicht mehr deren unausgesprochenen Erwartungen entspricht. Sie hat gedacht, sie muss gefallen. Ihr war gar nicht klar, dass sie nichts tun muss, um geliebt zu werden. Diese Angst ist entstanden, ohne dass Jasmin in ihrer Kindheit Schlimmes widerfahren ist.

Jasmins Angst teilen viele Frauen. Sie alle wollen gefallen. Sie sind gefällig und tun die Dinge so, wie man es halt so macht. Dieses Gefällige entsteht, wenn Frauen in ihrer Jugend die Erfahrung gemacht haben, nicht richtig zu sein.

Wir wissen alle, wie grausam Kinder sein können. Mädchengruppen, eine ist der Boss. Die Coole, die sagt, welche Klamotten man trägt, welche nicht. Und wer ihr nicht gefällt, ist arm dran. Da wird gelästert, ausgeschlossen und ausgegrenzt. Und das hinterlässt Spuren. Auch wenn das Bewusstsein der Meinung ist: Es gibt wirklich Schlimmeres. So arg war es ja nicht. Doch unser Unbewusstes ist sehr merkfähig. Es merkt sich, dass und wie wir verletzt wurden. Und es möchte auf jeden Fall verhindern, dass das noch einmal passiert. Deshalb entwickelt es ein System, um zu vermeiden, angefeindet zu werden. Es lässt einen gefällig werden. Bloß nicht auffallen. Nicht hervorstechen. Die eigene Meinung nur dann äußern, wenn man sich sicher fühlt. Bei denen, deren Liebe mir sicher ist, kann ich mal den Affen machen, aber sonst nicht.

Und wie gehen wir nun mit all dem um?
Es gibt bestimmt Erfahrungen, auf die wir gerne verzichtet hätten. Doch was wären wir ohne diese Erfahrungen? Was

wären wir ohne unsere Geschichte? Die Liste meiner Verletzungen ist, wie bei vielen Frauen, sehr lang. Ich könnte mich jetzt damit zurückziehen, schmollen, meckern und jammern. Dazu hätte ich jedes Recht. Doch was würde es mir nützen? Entscheidend ist der persönliche Umgang mit dem, was wir erlebt haben. Die Ursachenforschung darf nicht verwechselt werden mit: Ich gebe meine Verantwortung ab, denn ich kann doch nichts dafür. Es war sehr hilfreich für Jasmin, zu verstehen, wo ihre Gefühle herkommen. Doch wie sie damit umgeht, ist alleine ihre Entscheidung.

Eine weitere Angst von Jasmin war, dass sie verliert, was sie hat, wenn sie sich das erlaubt, was sie sich wünscht. Also ihre Sicherheit, ihren Partner, ihre Freund*innen. Als ihr klar wurde, dass diese Angst nur in ihrem Kopf ist und nichts mit der Realität zu tun hat, konnte sie anfangen, ihr Leben zu gestalten.

Sie sprach mit ihrem Partner und erzählte ihm von ihren Wünschen. Von dem Wunsch nach Abenteuer. Dass sie die Welt sehen und richtig viel erleben will. Und er war total begeistert, denn auch er spürte dieses Sehnen und hatte Angst, der sicherheits- und routineliebenden Jasmin das vorzuschlagen. Sie haben sich überlegt, ihren Job zu reduzieren. Jetzt haben beide Teilzeitjobs. Mit zwei Einkommen funktioniert das gut. Das ermöglicht es ihnen, in der freien Zeit große Reisen zu machen, spontan zu sein und das zu tun, worauf sie Lust haben. Ein so großer Spaß. Ich freue mich immer wieder über die Postkarten, die ich bekomme.

Dann sprach Jasmin mit ihren Eltern, ohne ihnen Vorwürfe zu machen. Sie hat ihnen gesagt, dass sie Angst hat, sie zu enttäuschen. Dass sie sich nicht traute, einen anderen Weg, nämlich ihren eigenen, einzuschlagen, weil sie so viel für Jasmin getan haben. Ihre Eltern waren sehr überrascht, weil sie schließlich immer das Beste für ihr Kind wollten und ihre Liebe nicht an Bedingungen geknüpft war. Doch das hat Jasmins Unterbewusstsein kreiert. Es hatte nichts mit ihren Eltern zu tun. Es waren Interpretationen von Jasmins Unterbewusstsein. Daraus haben sich Jasmins Glaubenssätze geformt.

Ich habe das Beispiel von Jasmin ganz bewusst ausgesucht. Jede, die eine Kindheit voller Gewalt und Übergriffe hatte, weiß, dass sie Überlebensmechanismen entwickelt hat. Es ist für sie keine Überraschung, dass sie so tickt, wie sie nun mal tickt. (Egal, wie sie damit umgeht. Denkt an die Geschichte von der Studie!)

Doch was ist mit denen, für die immer gesorgt war? Was ist mit denen, die eine „glückliche" Kindheit hatten? Denen fällt es sehr schwer, zu erkennen, dass auch bei ihnen Dinge einfach schiefgelaufen sind. Auch ich habe bei meinen Kindern für den einen oder anderen Knacks gesorgt, klar. Jede Tochter geht anders damit um. Und jede hat zusätzlich noch andere persönliche Erfahrungen gemacht. Oft habe ich mir gewünscht, dass ich mein heutiges Wissen schon früher gehabt hätte. Dann wäre ich mit meinen Töchtern und mit vielen anderen Menschen in meinem Leben anders umgegangen. Doch ich kann nicht ändern, was gewesen ist. Es bringt mich keinen Schritt weiter, in der Vergangenheit rumzuhängen, weil ich sie nicht beeinflussen kann.

Es hat keine Relevanz, zu überlegen, wie meine Töchter wären, wenn ... Sie sind nun mal so, wie sie sind, weil ... Es hat keine Relevanz, zu überlegen, wie ich wäre wenn ... Ich bin ja nun mal, wie ich bin, weil ... Doch wie gehen wir damit um? Meine Töchter sind an meinem Tun und an meiner Arbeit sehr interessiert. Die eine mehr, die andere weniger. Je nachdem. Doch ich bin nun mal ihre Mama und nicht ihr Coach.

Eine meiner Töchter hatte eine sehr anstrengende Grundschulzeit. Sie ist in ständiger Angst zur Schule gegangen, weil ihre Lehrerin einfach anstrengend war. Sie hat die Kinder angeschrien und vor der Klasse blamiert. Und meine Tochter war eines ihrer „Lieblingskinder". Das hat meine Tochter sehr geprägt.

Wir konnten ihr als Eltern noch so oft sagen, dass sie toll ist. Dass es kein richtig oder falsch gibt. Wirklich geglaubt hat sie uns nichts. Und es tat ganz schön weh zu sehen, welches Potenzial das Kind hat und wie sehr sie sich versteckt.

Sie weiß, dass ich seit mehreren Jahren immer wieder gute Coaches an meiner Seite habe. Doch die Erwachsenen sprechen einfach eine andere Sprache. Und dann wurde meine Tochter von einer fast Gleichaltrigen inspiriert. Die hat sie an die Hand genommen und ihr die Dinge beigebracht, die sie gelernt hat. Spiritualität. Und meine Tochter hat mit ihren 15 Jahren entschieden, dass sie ihre Vergangenheit sein lassen und dass sie das Beste aus sich herausholen möchte. Die anderen beiden lernen jetzt von ihrer Schwester. So einfach kann es sein.

Die einzige Zeit ist Jetzt

Menschen, die gedanklich zu viel in der Vergangenheit sind, neigen zu Depressionen und melancholischen Verstimmungen, weil sie grübeln und philosophieren, was alles gewesen ist. Menschen, die mit ihren Gedanken zu viel in der Zukunft sind, neigen zu übermäßigen Sorgen und Ängsten. Das, was eventuell kommen kann, versetzt sie in Panik.

Die einzige Zeit, in der wir etwas tun können, ist JETZT. Heute. Du hast es in der Hand.

Egal, was dir angetan wurde.
Egal, was du erlebt hast.
Egal, wie oft du verletzt wurdest.
Egal, welche Erlebnisse du hattest.

Ich sehe dein Licht.
Ich sehe dein Leuchten.
Ich sehe deine Kraft.
Ich sehe deine Schönheit.
Ich sehe deine Ekstase.
Ich sehe deine Sehnsucht.
Ich sehe deinen Mut.
Ich sehe deine Liebe.
Ich sehe deine Entschlusskraft.
Ich sehe deine Stärke.
Ich sehe deinen wundervollen Körper.

Ich sehe dich und deinen Mut, dein Leben mit allen Facetten zu leben.

Du bist die Schöpferin deines Lebens.
Doch fühlst du es auch? Kannst du diese Kraft, diese unersättliche Liebe zu dir spüren?

Bist du bereit, das was war, hinter dir zu lassen?

Kannst du auf Schuldzuweisungen an das Außen verzichten?
Kannst du das, was du erlebt hast, anerkennen und wertschätzen, egal, wie schmerzhaft es war?
Kannst du anerkennen, dass alles einen Sinn hat und nichts zufällig passiert – so schwer es auch war?

Jammern, motzen, meckern, Schuldzuweisungen verteilen, das ist in unserer Gesellschaft anerkannt.
Bist du bereit, es anders zu machen?
Bist du bereit, mit den Konsequenzen zu leben?

Was meine ich damit?
Ich meine Fülle.
Ich meine Veränderung.
Ich meine Größe.
Ich meine Erfolg.
Ich meine, dass du gesehen wirst.
Ich meine, dass du mutig und kraftvoll deinen Weg gehst.

Jeder Klientin stelle ich am Beginn unseres Prozesses folgende Fragen:

- Bist du bereit, das anzunehmen, was kommt?
- Bist du bereit, Fülle, Liebe und Glück anzunehmen?
- Bist du bereit, in deine Größe zu kommen?

Ja, wir Frauen sind schon phänomenal. Es galt lange Zeit als Merkmal einer guten Hausfrau, mit wenig gut zu wirtschaften. Es ist für uns kein Problem, mit Mangel auszukommen! Was wir nicht gut können, ist, mit wahrem Erfolg – mit Reichtum, Komplimenten, Fülle – umzugehen. Das ist eine kleine Krux. Ich habe sie am eigenen Leib erfahren.
Ja, ich bin bereit, große Summen in mich zu investieren. Dafür habe ich mich schon gefeiert.

Ja, ich bin bereit, hart für das zu arbeiten, was ich so gerne tue.

Ja, ich bin bereit, es laut auszusprechen, was ich tue.

Aber ich war lange nicht bereit, die Früchte zu ernten, die ich gesät habe. Es war, als wenn mich ein unsichtbares Gummiband immer wieder zurückkatapultiert hat. Ich hatte die Hosen gestrichen voll vor Angst.

Auch ich hatte viele Glaubenssätze, die mir hinderlich waren. Diese Glaubenssätze alleine zu finden und aufzudecken, ist wirklich schwer, weil jeder von uns blinde Flecken hat. Es war deshalb sehr hilfreich, mir Coaches zu Hilfe zu holen, die meine blinden Flecken erkannt haben. Sie haben mir geholfen, mit dem umzugehen, was gewesen ist, und anzuerkennen, dass mich das geschult hat. Sie haben mir dabei geholfen, mit dem Jammern aufzuhören.

Doch ich bin nicht direkt aus dem Jammer-Modus in den Gewinner-Modus gewechselt. Es war ein wichtiger Zwischenschritt erforderlich: Heilung und Vergebung.

Heil werden

In mir waren große Anteile voller Schmerz, Wut und Frustration. Sie waren tief in mir vergraben und hatten doch eine enorme Macht über mich. Sie haben mich von innen heraus vergiftet.

Und nein, weder habe ich eine traumatische Kindheit gehabt, noch war ich ein Mobbingopfer. Dennoch gab es im Laufe meines Lebens Situationen, die mich verletzt und erniedrigt haben. In denen ich anderen geglaubt habe, wenn sie mir in irgendeiner Weise zu verstehen gegeben haben, dass ich nicht richtig bin. Ich habe dieses Gefühl weggedrückt. Ich wollte es nicht. Doch in meinem Inneren war es aktiv. Gegen etwas anzukämpfen, was bereits da ist, ist völlig verschwendete Energie. Doch es zeigten sich mir Wege, wirklich zu heilen.

Durch Meditation ein sicheres Feld schaffen
Einer war und ist die Meditation. Ich habe in vielen wundervollen Meditationen wieder eine Verbindung zu meinem Unterbewusstsein aufgebaut. In einem Feld, in dem ich mich absolut sicher gefühlt habe, konnte ich meine Selbstliebe und Selbstachtung stärken und wieder Frieden in mir spüren. Und ich konnte diese Energie in mein Tagesgefühl integrieren.

Ich kann dir sehr empfehlen zu meditieren. Auf meiner Webseite sind einige Meditationen für dich frei verfügbar. Du findest sie im Downloadbereich.

Das Schöne an der Meditation ist, dass man nichts falsch machen kann. Ob du nun morgens mit der Meditation in den Tag startest, oder dir im Laufe des Tages Zeit dafür einbaust, schau einfach, was für dich praktikabel ist. Am Anfang reichen auch 15 Minuten. Je häufiger du meditierst, desto besser funktioniert es. Es kann am Anfang passieren, dass du einschläfst. Oder, dass in deinem Kopf so viel los ist, dass die Gedanken nur so rasen. Gib dir und der Meditation einfach eine Chance. Du hast ja schließlich auch nicht von ein auf dem anderen Tag laufen gelernt.

Ich kam dadurch in die Lage, mir zu erlauben, größer, erfolgreicher, bekannter und wohlhabender zu werden, als ich es je für möglich gehalten habe. Da konnten mir noch so viele Leute sagen, dass sie klasse finden, was ich mache. Wenn nur eine Person Zweifel äußerte, wurde ich unsicher. So nüchtern betrachtet, ist das natürlich absoluter Blödsinn. Doch sehen und hören wir ja bekanntlich nur das, was wir hören wollen. Also habe ich in meinem Tagesablauf Routinen entwickelt. Neue Techniken gelernt.
Was sind meine Routinen?
30 Minuten am Tag nichts tun.
Dankbarkeitspraxis. Ich trage auch einen Schlüsselanhänger bei mir, den ich meinen Dankbarkeitsstein nenne. Sobald ich ihn sehe oder berühre, erinnert er mich daran, dankbar zu sein.
Tägliche Mediation.
Feiern. Ob eine Tanzparty in der Küche oder im Bad – ich drehe meine Lieblingsmusik auf und tanze. Meinen Mann und meine Kinder feiere ich übrigens auch – besonders, wenn sie mich triggern.
Ich hinterfrage meine Motivation. Muss ich jetzt das Frühstück machen oder möchte ich es tun? So befinde ich mich nicht mehr im Gefühl des Mangels.

Ich delegiere viel mehr und habe nicht mehr den Anspruch, alles selber machen zu müssen.

Welche Konsequenzen haben diese Routinen für mich?

Ich bin tiefer in mich gegangen. Und dadurch habe ich einen viel besseren Zugang zu mir gefunden. Ich wusste auf einmal, was ich sagen wollte. Das ist ein unbeschreibliches Gefühl. Meine Vergangenheit und das, was war, hatten sich über diese innere Stimme gelegt. Meine Angst und meine Zweifel haben dazu geführt, dass ich meine innere Stimme gar nicht mehr gehört habe. Es war total krass. Je tiefer ich in die Verbindung mit mir gegangen bin, desto klarer konnte ich wieder sehen. Ich habe mich auf diesen Weg eingelassen.
Alles, was war, hat mich zu der Frau werden lassen, die ich heute bin.
Mein Erfolg, meine Berufung, mein Glück, meine Liebe, meine Familie – alles ist heute so, weil ich diese Vergangenheit habe.
Das war eine wahnsinnig tiefe und so befreiende Erkenntnis. Denn die Vergangenheit hat keine Macht mehr über mich. Ich bin frei. Ich löse mich aus allen unbewussten Verhaltensmustern. Ich bin bereit, es richtig groß werden so lassen.
Solltest du in irgendeiner Art und Weise ein Teil meiner Vergangenheit sein und es nicht in meine Gegenwart geschafft haben, dann danke ich dir. Du warst mir ein*e gute*r Weggefährt*in und Lehrmeister*in. Doch ich bin nicht mehr mit dir verbunden. Unsere Wege haben sich getrennt. Vielleicht kreuzen sie sich eines Tages wieder, dann werde ich dich dankend und wertschätzend anlächeln. Ich danke dir für dein Sein.

Ich vergebe dir – ich vergebe mir
Anderen und mir selbst wirklich zu vergeben ist das, was wirklich tief in mir zur Heilung geführt hat.
Ich bin keine Richterin – dennoch habe ich verurteilt. Das passiert – und zwar viel schneller, als es den meisten Menschen bewusst ist. Menschen werden in Schubladen gesteckt. Wir urteilen über ihr Verhalten, als ob wir dazu ein Recht hätten.
Wie sieht es das bei dir aus? Begegnest du deinen Mitmenschen wertfrei oder bewertest du deren Verhalten? Nach welchen Kategorien?
Ich habe viele Menschen verurteilt und sie in Gedanken schuldig gesprochen. Was für ein schlechtes Karma! Das hatte ich so überhaupt nicht auf den Schirm. Solange ich noch solche starken Gefühle habe, bin ich nicht frei. Solange besteht einfach eine Verbindung. Aus dieser Verbindung kann nur ich mich lösen: durch Vergebung. Die folgende Meditation hilft dir dabei.

Mir selbst und anderen vergeben

Such dir einen ruhigen Platz. Setze oder lege dich bequem hin.
Atme ein paar Minuten tief durch die Nase ein und langsam durch den Mund wieder aus.
Lass deinen Atem fließen.
Lege deine Hände auf dein Herz.
Spüre es schlagen.
Spüre dich atmen.

Lass deine Gedanken kommen und wieder gehen.
Alles ist in Ordnung.
Du bist in absoluter Sicherheit.

Und dann überlege, wem du vergeben möchtest.
Welcher Name oder welche Namen fallen dir ein?
Überlege ganz in Ruhe.
Sieh diese Person vor dir. Schau sie an.

Und dann sprich die Worte:
Ich vergebe dir.
Ich danke dir für dein Sein.
Ich löse meine Verbindung zu dir und lasse dich in Frieden gehen.
Ich sende dir das Mitgefühl, das du jetzt gerade benötigst.
Danke.

Spüre nach, wie viel Erleichterung dir das bringt. Wie viel Frieden.

Und dann gibt es da noch jemanden, dem du vergeben musst.
Hast du eine Idee, wer das sein könnte?
Das bist du.

Niemanden bewerten wir so hart und ungerecht wie uns selbst.
Für alle anderen haben wir viel mehr Verständnis.
Wir gehen mit uns so hart ins Gericht.

Bist du bereit, dir zu vergeben?

Bist du bereit, alle Schuld, alle Verurteilungen, alles Vergangene loszulassen?
Bist du bereit, dich in deiner wahren Größe und Vollkommenheit anzuerkennen?

Wiederhole die Übung.
Atme erst wieder ruhig und tief.
Spüre dich.

Du kannst dich mit geschlossenen Augen sehen.

Atme auch jetzt tief durch.

Lass dir einmal durch den Kopf gehen, was du dir vergeben möchtest.

Atme noch einmal tief durch und dann sage dir:
(Dein Vorname), ich vergebe dir.
Ich weiß, du wusstest es nicht besser.
Ich weiß, du wolltest immer nur das Beste für mich.
Ich danke dir. Ich vergebe dir. Ich bin frei.

Diese Übung kannst du natürlich mehrmals machen. Du kannst sie auch mit jemandem zusammen machen. Es ist so ein bedeutender Moment, weil du entscheidest, in deine Kraft zu gehen. Weil du entscheidest, die volle Verantwortung zu übernehmen. Weil du entscheidest, endlich gut zu dir zu sein.
Du löst dich von allem, was war. Ich habe mit Menschen zusammengearbeitet, denen wirklich Schlimmes widerfahren ist. Die misshandelt wurden und die körperliche und geistige

Gewalt erfahren haben. Diese Menschen haben ihren Peinigern und sich selbst verziehen. Sie haben damit die Verbindungen gelöst und sich frei gemacht. Aus Hass und Wut wurde Vergebung. Aus Scham und Verletzung wurde ein Strahlen. Aus Trauer, Angst, Verzweiflung wurden Stärke und Klarheit. Es war nicht mein Zutun. Diese Entscheidung trifft jeder Mensch für sich selbst. Jeder dieser Menschen war bereit, die Verantwortung zu übernehmen und sich selbst zu befreien. Das ist das Ende der Selbstzerfleischung. Das ist der Anfang der Zufriedenheit.

Lebe deine Weiblichkeit

Viele Fortschritte und ein Verlust

Es ist noch gar nicht allzu lange her, da war die Rolle der Frauen klar definiert: den Mann glücklich machen und versorgen. Kinder gebären, aber bitte züchtig sein. Ich will nicht sagen, dass Männer Frauen kleingehalten haben. Das wäre zu pauschal und zu verallgemeinernd. Doch das gesellschaftliche Frauenbild war so. Folgender Auszug aus der britischen Zeitschrift „Housekeeping monthly" aus dem Jahr 1955 illustriert diese Vorstellungen drastisch, auch wenn dessen Authentizität nicht eindeutig geklärt ist. (Wikipedia, 2018) :

Verwöhnen Sie IHN!

Halten Sie das Abendessen bereit. Planen Sie vorausschauend, evtl. schon am Vorabend, damit die köstliche Mahlzeit rechtzeitig fertig ist, wenn er nach Hause kommt. So zeigen Sie ihm, dass Sie an ihn gedacht haben und dass Ihnen seine Bedürfnisse am Herzen liegen. Die meisten Männer sind hungrig, wenn sie heimkommen und die Aussicht auf eine warme Mahlzeit (besonders auf seine Leibspeise) gehört zu einem herzlichen Empfang, so wie man ihn braucht.

Machen Sie sich schick. Gönnen Sie sich 15 Minuten Pause, so dass Sie erfrischt sind, wenn er ankommt. Legen Sie Make-up nach, knüpfen Sie ein Band ins Haar, so dass Sie adrett aussehen. Er war ja schließlich mit einer Menge erschöpfter Leute zusammen.

Seien Sie fröhlich, machen Sie sich interessant für ihn! Er braucht vielleicht ein wenig Aufmunterung nach einem ermüdenden Tag und es gehört zu Ihren Pflichten, dafür zu sorgen.

Das traute Heim

Räumen Sie auf. Machen Sie einen letzten Rundgang durch das Haus, kurz bevor Ihr Mann kommt. Räumen Sie Schulbücher, Spielsachen, Papiere usw. zusammen und säubern Sie mit einem Staubtuch die Tische.

Während der kälteren Monate sollten Sie für ihn ein Kaminfeuer zum Entspannen vorbereiten. Ihr Mann wird fühlen, dass er in seinem Zuhause eine Insel der Ruhe und Ordnung hat, was auch Sie beflügeln wird. Letztendlich wird es Sie unglaublich zufriedenstellen, für sein Wohlergehen zu sorgen.

Machen Sie die Kinder schick. Nehmen Sie sich ein paar Minuten, um ihre Hände und Gesichter zu waschen (wenn sie noch klein sind). Kämmen Sie ihr Haar und wechseln Sie ggf. ihre Kleidung. Die Kinder sind ihre "kleinen Schätze" und so möchte er sie auch erleben. Vermeiden Sie jeden Lärm. Wenn er nach Hause kommt, ermahnen Sie die Kinder, leise zu sein.

Seien Sie glücklich, ihn zu sehen.

Begrüßen Sie ihn mit einem warmen Lächeln und zeigen Sie ihm, wie aufrichtig Sie sich wünschen, ihm eine Freude zu bereiten.

Opfern Sie sich auf – ER ist der Chef!

Sie mögen ein Dutzend wichtiger Dinge auf dem Herzen haben, aber wenn er heimkommt, ist nicht der geeignete Augenblick, darüber zu sprechen. Lassen Sie ihn zuerst erzählen - und vergessen Sie nicht, dass seine Gesprächsthemen wichtiger sind als Ihre.

Der Abend gehört ihm. Beklagen Sie sich nicht, wenn er spät heimkommt oder ohne Sie zum Abendessen oder irgendeiner Veranstaltung ausgeht. Versuchen Sie stattdessen, seine Welt voll Druck und Belastungen zu verstehen. Er braucht es wirklich, sich zu Hause zu erholen. Ihr Ziel sollte sein: Sorgen Sie dafür, dass Ihr Zuhause ein Ort voller Frieden, Ordnung und Behaglichkeit ist, wo Ihr Mann Körper und Geist erfrischen kann.

Begrüßen Sie ihn nicht mit Beschwerden und Problemen. Beklagen Sie sich nicht, wenn er spät heimkommt oder selbst, wenn er die ganze Nacht ausbleibt. Nehmen Sie dies als kleineres Übel, verglichen mit dem, was er vermutlich tagsüber durchgemacht hat.

Machen Sie es ihm bequem. Lassen Sie ihn in einem gemütlichen Sessel zurücklehnen oder im Schlafzimmer hinlegen. Halten Sie ein kaltes oder warmes Getränk für ihn bereit.

Schieben Sie ihm sein Kissen zurecht und bieten Sie ihm an, seine Schuhe auszuziehen. Sprechen Sie mit leiser, sanfter und freundlicher Stimme.

Fragen Sie ihn nicht darüber aus, was er tagsüber gemacht hat. Zweifeln Sie nicht an seinem Urteilsvermögen oder seiner Rechtschaffenheit. Denken Sie daran: Er ist der Hausherr und als dieser wird er seinen Willen stets mit Fairness und Aufrichtigkeit durchsetzen. Sie haben kein Recht, ihn infrage zu stellen.

Eine gute Ehefrau weiß stets, wo ihr Platz ist.

So also sah gelebte Weiblichkeit im Jahr 1955 aus. Die Frau wusste, angeblich, wo ihr Platz war. Wo ist unser Platz heute? Ja, wir haben uns emanzipiert. Wir haben viele Aufgaben übernommen, die früher den Männern vorbehalten waren, und wissen, dass wir eine ganze Menge können. Viele von uns managen Haushalt und Familienleben und geben gleichzeitig Gas in ihrem Beruf. Wir haben viele Freiheiten errungen, die unseren Vorfahrinnen noch verwehrt wurden. Meiner Meinung nach haben wir dabei nur eines vergessen: unsere Weiblichkeit.

Wir müssen so „unseren Mann stehen", dass wir vergessen, Frau zu sein. Wir haben vergessen, dass wir Königinnen sind und auch als Königinnen behandelt werden sollten. Doch wie soll ein Mann seiner Königin – und du wärest überrascht, wenn du wüsstest, wie Männer über Frauen denken – huldigen, wenn die Königin zur Kriegerin wurde? Eine Klientin sagte mir einmal: „Ich bin so eine starke Frau, das muss ein Mann erst mal aushalten können."

Keine Angst, ich will nicht das Rollenbild der 1950er-Jahre wiederbeleben. Zwar mag es auch heute noch Männer geben, deren Ego so klein ist, dass sie sich die Frau klein halten müssen. Doch in meiner Welt ist das anders. Ich sehe Männer, die ihre Frauen anbeten. Und ich sehe Frauen, die das nicht zulassen.

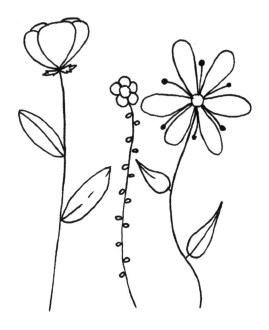

Let´s talk about sex, baby

Sex ist ein eher totgeschwiegenes Thema. Das dachte ich jedenfalls immer – bis ich meine Praxis eröffnet habe. Mir war nicht bewusst, was offensichtlich in deutschen Schlafzimmern los ist: nämlich nix. Wenn mir jemand gesagt hätte, die Frauen kommen zu dir und wollen über Sex reden, hätte ich es nicht geglaubt. Aber genauso ist es. Da leben Paare zusammen und haben seit Jahren keinen Sex mehr. Ich kann dir nicht sagen, wie es den Männern damit geht, aber die Frauen hungern. Sie verhungern vorm vollen Teller.

Meine Frage ist oft: „Was hindert dich, deine Sexualität zu leben?" In vielen Fällen geht der Blick beschämt nach unten. Im

21. Jahrhundert schämen sich Frauen, offen über ihre Bedürfnisse und Gefühle zu sprechen.

Frauen bekommen Kinder, aber keinen Orgasmus. Wer braucht den auch schon? Funktioniert ja auch so gut. Ohne Witz: Das denke ich mir nicht aus, das war wirklich die Aussage einer Klientin. Wir könnten jetzt darüber philosophieren, warum das so ist. Doch was würde es nützen? Es hat bestimmt viel mit unseren Prägungen zu tun. Mit der Kirche, die Sex immer wieder als etwas Böses und Anrüchiges dargestellt hat. Mit dem Einfluss unserer Gesellschaft, die viel hat und wenig fühlt.

Kennst du die Buchreihe „Fifty Shades of Grey?" Die drei Bücher waren wochenlang auf Platz 1 der Bestsellerliste. (Doch gelesen hat es offiziell niemand.) Diese Bücher waren ein Signal, dass Lust endlich gelebt werden darf und dass sie nicht nur im Schlafzimmer stattfinden muss. Dass es so viele Möglichkeiten gibt. Ich will dir jetzt nicht sagen, dass du die Peitsche und die Fesseln rausholen sollst. Aber ich will dir sagen, dass du dich trauen darfst. Dass du mehr haben darfst als 08/15-Sex. (Hoffmann, 2020)

Das Lied „Pipapo" des Komikers und Sängers Rüdiger Hoffman hat folgenden Refrain: „Ich mach es einmal die Woche ganz normal, ohne Pi, ohne Pa, ohne Po, drei Minuten ohne Licht und nur einmal, Hand auf's Knie, Missionar einfach so, ohne Pi, ohne Pa, ohne Po ..." Nein, danke – da hätte ich keine Lust drauf!

Doch zu wissen, was man *nicht* will, ist hier nicht die Kunst. Aber wissen, was ich will? Und dafür waren die Bücher von E. L. James, der Autorin von Fifty Shades of Grey, großartig. Denn sie haben viele Frauen angeregt, mal was auszuprobieren, *sich* auszuprobieren.

Ja, meine Liebe, es wird Zeit, deine Weiblichkeit zu leben und zu feiern. Zu zeigen, dass du eine Frau bist! Doch wie willst du dich und deinen Körper feiern, wenn du deinen Körper nicht als liebenswert und begehrenswert empfindest? Mit den Dellen an den Oberschenkeln? Mit den hängenden Brüsten? Mit dem riesen Rettungsring? Mit der krummen Nase?

Perfekt, so wie du bist

In den Medien, in der Werbung, im Internet wird uns so viel Perfektion vorgespielt. Wir sehen überall Frauen mit perfekten Körpern. Sie sehen wunderschön und begehrenswert aus. Diese Frauen und deren Körper kann man lieben. Doch deinen? Ehrlich jetzt?

Was müsstest du bzw. dein Körper erst einmal tun, damit er begehrenswert ist?

Wie müsste dein Körper sein, um dich voll annehmen zu können und zuzulassen, dass du geliebt wirst?

Doch wer sagt denn, dass Sex nur in Kleidergröße S ekstatisch sein darf? Wer sagt, dass es nur möglich ist, Lust zu empfinden, wenn dein Körper straff und jung ist? Das sagt keiner. Und vermutlich auch nicht dein Partner. (Wenn dein Partner an dir und deinem Körper rummeckert, bist du nur ein Spiegel für seine eigene Unzufriedenheit.)

Meine Klientinnen bekommen oft die Hausaufgabe, ihren Partner zu fragen, in welchem Licht ihr Partner sie sieht. Wie er z.B. ihren Körper sieht, wie er ihre Ausstrahlung findet. Und die Antworten überraschen meine Klientinnen oft sehr:

- Dein Körper hat drei Kinder empfangen, ausgetragen, geboren und gestillt. Er ist ein Wunder. Und ich bin immer wieder fasziniert von diesem Wunder.

- Ich liebe es, wenn du Kleider und Röcke trägst. Du siehst so sexy aus.
- Dass du diese Unterwäsche trägst, die nur ich sehe, das bedeutet mir so viel. Dass du dich nur für mich so anziehst.
- Ich liebe es, wie liebevoll du bist.
- Du bist einfach immer noch die Allerschönste.
- Für mich bist du perfekt.

Weil sie sich selbst überhaupt nicht so sehen, sind Aussagen wie diese für Frauen total überraschend. Doch wie will eine Frau guten Sex haben, wenn sie ständig den Bauch einzieht? Wie zu einem ekstatischen Orgasmus kommen, wenn sie insgeheim denkt, ihre Oberschenkel seien zu fett? Wie will eine Frau das tun, worauf sie Lust hat, wenn sie denkt, sie sieht dabei doof aus?

Ehrlich, ich hab's versucht! Es klappt nicht! Was aber sehr gut funktioniert ist, den Blickwinkel auf sich zu verändern. Eine Freundin hat einmal zu mir gesagt:

„Ellen, dein Körper hat Unglaubliches geleistet. Alles, was da ist, zeigt deinen krassen Lebensweg. Daher darfst du stolz auf jede Rundung sein. Alles ist perfekt, so wie es ist. Wie ein gutes Buch, dass für viele Menschen so ein toller Beitrag ist und dessen Cover nicht mehr im Neuzustand sein kann."

Und genau das sage ich jetzt dir! Dein Körper hat Unglaubliches geleistet und er tut es noch. Jeden Tag. Du bist nicht mehr im Neuzustand. Doch in einem Zustand, der so, wie er jetzt ist, absolut perfekt ist. Du darfst unglaublich stolz auf deinen Körper sein.

Dates mit dem Partner

Auf meine Frage, warum meine Klientinnen so wenig Sex haben, bekomme ich unter anderem folgende Antworten:

- Ich bin immer so müde.
- Es ist so anstrengend tagsüber, da will ich einfach nur noch schlafen.
- Mein Mann kann seine Gefühle tagsüber nicht zeigen, da gibt es das dann auch nicht.
- Das Kind schläft ja bei uns im Bett.

Wovon sind so viele Frauen so müde? Von den vielen Belastungen? Arbeit, Haus, Kinder, Hobbys? Ja, das ist eine ganze Menge. Man hetzt von Termin zu Termin. Hier noch ein Elternabend, da noch der Mädelsstammtisch. Ach ja, eine tolle Lesung die angeboten wird. Essen gehen mit der ehemaligen Krabbelgruppe. Vorkochen für den nächsten vollen Tag. Die Wäsche muss noch gefaltet und die Spülmaschine ausgeräumt werden. Bei Facebook und Instagram gibt es noch tolle Videos. Und dann ist man wirklich froh, wenn man im Bett liegt. Es ist spät und morgen klingelt früh der Wecker. Doch DSDS läuft ja auch noch. Im Schlafzimmer ist der Fernseher an und dabei kann man prima einschlafen. Lebensverändernder Sex? Doch nicht mehr um diese Uhrzeit. So aus dem Nichts geht das ja auch nicht. Dafür wäre ein Vorspiel toll. Zärtlichkeit, Aufmerksamkeiten. Doch dafür haben moderne Paare einfach keine Zeit. Oder?

Fangen wir doch mal ganz am Anfang an. Wie begann eure Beziehung? Es war wahrscheinlich eine Zeit voller Schmetterlinge und Herzklopfen. Ein Blick hat genügt und du fühltest dich auf Wolke sieben. Ihr konntet nicht genug voneinander kriegen und es gab eigentlich keine Gründe, grad keinen Sex zu haben unter der Dusche? Im Auto? Auf dem Sofa oder Tisch? Beim Picknick oder beim Baden? Der Kreativität waren keine Grenzen gesetzt.

Doch dann sah man sich öfter. Man zog zusammen. Die Lust wurde weniger und Sex zur Routine. Die Ablenkungen nahmen zu. Die Bequemlichkeit wurde auch größer. Aus mehrmals täglich wurde mehrmals die Woche. Aus mehrmals die Woche wurde mehrmals im Monat. Aus mehrmals im Monat wurde mehrmals im Jahr ...

Und plötzlich war es normal, so wenig Sex zu haben. Es geht ja auch ohne. Sex wird im allgemeinem auch völlig überbewertet. Nein, das ist nicht meine Meinung. Meiner Meinung nach ist Sex wichtig. Sex ist toll.

Wie kommen wir also dahin, dass die Ablenkungen und die Bequemlichkeit wieder aus unserem Leben bzw. Sexualleben verschwinden? Mein goldener Tipp: Hab wieder Dates – mit deinem Mann! Verabredet euch bewusst und stellt fest, wie verbunden ihr miteinander seid. Es hat schließlich einen Grund, warum ihr zusammen seid.

Sucht euch einen Abend (mehr geht natürlich immer) aus und verabredet euch. Was ihr da unternehmt, ist natürlich immer abhängig von den Gegebenheiten. Wenn eure Kinder noch kleiner sind und ihr keinen Babysitter habt oder einbinden möchtet, findet Möglichkeiten zu Hause, wenn die Kinder im Bett sind. Vielleicht gemeinsam vorm Ofen oder bei Kerzenschein ein Glas Wein trinken? Ohne Handys, ohne Fernseher, dafür vielleicht mit schöner Musik, die ihr beide mögt? Vielleicht im Sommer ein Abend auf dem Trampolin der Kinder, wo man super Sterne beobachten kann? Oder ihr kocht gemeinsam. So ein richtiges Event Cooking.

Eurer Kreativität sind keine Grenzen gesetzt. Geht spazieren oder fahrt in die Sauna. Macht das, was euch Spaß macht. Dieser Abend in der Woche ist euer Abend. Tragt ihn fest in eure Kalender ein. Und vielleicht möchtet ihr mehr davon haben? Super! Macht euch da frei (also zeitlich, das andere kommt vielleicht später). Aber redet miteinander. Bleibt im Gespräch. Ihr wollt doch wissen, was bei eurem Partner los ist. Stell dir vor, dein Partner interessiert sich auch für das, was bei dir los ist. Doch – und das ist eine echte Challenge – es wird nicht über Kinder geredet, denn das tun Eltern oft genug. Nur seid ihr nicht nur Eltern, sondern auch ein Paar. Und Paare reden nicht über Kinder. Paare reden über ... ja worüber eigentlich? Findet es heraus!

Manchmal ist es auch schön, nicht zu reden, sondern miteinander in tiefer Verbundenheit zu schweigen. Es müssen auch nicht immer die tiefgreifenden Gespräche sein. Probiert euch da aus.

Unerlässlich bei einem Date ist meiner Meinung nach das Küssen. Und zwar nicht nur ein oberflächlicher Kuss auf die Wange, nein, richtiges intensives Küssen. Was so Lust macht. Auf mehr Küssen. Meiner Meinung nach geht Küssen in langen Beziehungen viel zu schnell unter. Wieso eigentlich? Am Anfang tut man es ständig. Und dann hört man mit etwas auf, was richtig gut war? Weil grad die Zeit fehlt? So ein Blödsinn. Dann nehmt euch die Zeit. Es gibt sogar Studien, die belegen, dass Küssen sehr gut für unser Immunsystem ist. Also schnapp dir deinen Partner und knutsche ihn, lang und intensiv.

Natürlich kann es auch passieren, dass sich Paare auseinanderleben. Dass man sich einfach nichts mehr zu sagen hat. Ja, es kann passieren, dass sich Paare unterschiedlich weiterentwickeln. Wenn du das Gefühl hast, dass das Tempo deiner

Entwicklung und das Tempo deines Partners nicht übereinstimmen, dann nimm dir selber den Druck raus. Du gehst deinen Weg. Meiner Erfahrung nach ist es so, dass, wenn du deinen Partner gedanklich frei lässt und dich um deine Entwicklung und um dein Wohlbefinden kümmerst, dein Partner auch in seine Größe gehen kann. Vielleicht kannst du mir und meinen Erfahrungen vertrauen. Lass die Gründe weg, warum es jetzt gerade einfach nicht geht mit dem Sex. Kehre zu den Basics zurück. Geh wieder ins Gefühl.

Gehen oder bleiben?

Manchmal werde ich gefragt: „Ellen, was ist, wenn ich nicht mehr weiß, ob ich meinen Partner liebe?" Ja, das ist eine schwierige Frage. Und es kann natürlich ein Grund dafür sein, warum du kein intimes Verhältnis mehr mit deinem Partner haben möchtest.

Es kommt vor, dass Frauen in einer Beziehung leben und ihren Mann nicht mehr lieben. Manchmal liegt es daran, dass die Frauen einfach große Angst haben, eine Entscheidung zu treffen. Auch das können Auswirkungen der Prägungen sein, die wir in uns tragen. Sie zeigen sich in Aussagen wie diesen:

- Man verlässt doch nicht den Mann, am besten noch mit den Kindern.
- Wo er doch so nett ist.
- Du hast doch alles, was du willst.
- Pfeif doch auf Liebe.
- Gib dich doch einfach mal zufrieden.
- Man kann eben nicht alles haben.

- Jeder lebt sein Leben. So tolle Beziehungen, wo es am Ende noch prickelt, das gibt es doch nur im Märchen.
- Wenn du wüsstest, wie viele Paare getrennte Schlafzimmer haben. Das ist doch nichts Besonderes.

Ich bitte dich: Lass dir niemals einreden, du müsstest dich aus irgendwelchen Gründen mit etwas oder jemanden zufriedengeben!

In der Nacht vor unserer Hochzeit haben Markus und ich uns etwas versprochen, was für uns viel wichtiger war als das eigentliche Eheversprechen. Wir haben uns angeschaut und uns gesagt: Wir sind zusammen, weil wir uns lieben. Doch auch das kann sich ändern. Wir haben uns versprochen, dass wir uns niemals miteinander zufriedengeben. Es wäre eine tiefe Kränkung und ein Zustand, den keiner von uns will. Ich würde nie wollen, dass jemand sich mit mir zufriedengibt. Genauso wenig möchte Markus das. Wir wollen das Große.

Das Ganze. Das Ultimative. Und dieses Versprechen bedeutet uns beiden immer noch sehr viel. Wir erneuern es regelmäßig.

Das bedeutet nicht, dass bei uns immer Friede, Freude, Eierkuchen herrscht. Wir haben in den letzten 25 Jahren echt 'nen Ritt hingelegt und dabei sind so mancher Kratzer und manche Verletzung entstanden. Es gab Zeiten, in denen ich am liebsten gegangen wäre. Es gab Zeiten, da stand er am Schrank und hat seine Koffer gepackt. Doch weder er noch ich sind gegangen. Wir haben Lösungen gefunden. Wir haben Entscheidungen vertagt. Doch wir haben etwas nie getan: uns miteinander zufriedengegeben.

An etwas festzuhalten, was dich eher belastet oder runterzieht, kann das der Weg sein? Nur, weil dir jemand anders erzählt, dass du nicht alles haben kannst? So ein Quatsch. Dein Leben ist zu kurz, um dich zufriedenzugeben. Das Leben ist zu kurz für eine Aussage wie: „Mein Mann und ich, wir vertragen uns ja ganz gut."

Meine Großmutter stammt aus einer wohlhabenden Unternehmerfamilie. Sie war das jüngste Kind und die einzige Tochter. Ihr Vater hatte diverse Männer aus angesehenen Familien als mögliche Ehemänner ausgesucht. Doch meine Großmutter hat sich verliebt – in meinen Großvater. Er war weder Unternehmer noch kam er aus einer wohlhabenden Familie. Doch wenn man sich verliebt, spielt das Geld (in vielen Fällen) keine Rolle. Mein Urgroßvater war mit der Wahl meiner Oma nicht einverstanden. Das bedeutete für meine Oma, dass sie auf ihre Mitgift und finanzielle Unterstützung verzichten musste. Und sie hat sich für meinen Opa entschieden.

In sehr schweren Jahren, zu Beginn des Zweiten Weltkriegs, haben die beiden geheiratet. Sie haben innerhalb sehr kurzer

Zeit vier Kinder bekommen. Doch dann musste mein Opa an die Front und sie saß mit vier Kindern alleine zu Hause. Was sie in der Zeit geleistet und durchgemacht hat, ist für mich einfach nur bewundernswert. Eltern, Geschwister, Freunde – alle um sie herum sind gestorben. Ihre Kinder hatten Hunger, ihr Mann war jeden Tag in Lebensgefahr. Ende 1945 kam mein Opa aus der Kriegsgefangenschaft wieder frei. Und genau neun Monate später (und darauf war meine Oma immer sehr sehr stolz) kam mein Onkel zur Welt. Insgesamt bekamen sie acht Kinder.

Meine Großeltern waren keine reichen Leute. Doch es hat nie an Liebe gefehlt. Egal, ob es Liebe zum Detail war – der Tisch, wie er liebevoll gedeckt wurde – oder Gesten, die so klein und doch so berührend waren. Sie haben sich so oft über den Rücken oder die Hände gestreichelt. Sie haben ihre acht Kinder voller Stolz präsentiert, weil jedes Kind ein Geschenk ist. Bei der Geburt des sechsten Kindes meinte die Hebamme, es sei *schon wieder* ein Junge, und meine Oma fragte sofort: „Ist er gesund?" Das ist das wichtigste. Und wie es das Schicksal wollte, war es eine Zwillingsschwangerschaft und sie gebar noch ein Mädchen.

Was ich dir mit der Geschichte meiner Großeltern sagen möchte: Eine glückliche Beziehung braucht nichts von außen. Kein Geld, keinen Komfort. Glücklich zu sein, ist eine Entscheidung. Es ist deine Entscheidung. Und es ist möglich, egal wie die Umstände sind.

Als ich geboren wurde, waren meine Großeltern schon an die 70 und über 40 Jahre miteinander verheiratet. Ihre tiefe Liebe und Verbundenheit konnten wir bei jedem Treffen spüren. Diese Werte lebe ich, weil ich weiß, dass es möglich ist. Mein Ziel ist es, mit meinem Mann alt, runzelig und immer noch verrückt auf einer Parkbank zu sitzen und zu knutschen. Und uns liebevoll über den Rücken zu streichen. Uns wurde von den Großeltern und von unseren Eltern vorgelebt, dass lange glückliche Ehen möglich sind. Dass auch mehr geht, als sich nur gut zu verstehen. Wir haben beide gelernt: Natürlich gibt es den Reiz des Neuen, doch vergiss nie das, was du hast, und betrachte es nicht als selbstverständlich.

Doch genau das passiert vielen Paaren. Sie vernachlässigen ihre Wertschätzung für einander und der Fokus richtet sich ausschließlich auf das Negative. Die liegengelassenen Klamotten, das Geschirr, das noch auf dem Tisch steht, der Kaktus zum Geburtstag statt des Rosenstraußes – und dann sind wir sofort im negativen Gedankenkarussell. Auch mir passiert das ab und zu. Doch es gibt eine recht leichte Übung, die ich gerne mit dir teilen möchte.

Den Fokus ändern (Byrne, 2007)

Es hat ja einen Grund, warum du mit deinem Partner zusammen bist. Notiere dir jeden Abend zehn gute Eigenschaften deines Partners oder äußere Merkmale, die du attraktiv findest. Führe dir wieder vor Augen, was du an deinem Partner so schätzt.

- Was magst du an ihm?
- Was kann er besonders gut?
- Worüber musst du schmunzeln?
- Wie schaut er dich an?
- Nicht jeder Mann ist ein Poet oder Romantiker, jeder drückt seine Zuneigung auf eigene Weise aus. Welche ist es bei deinem Mann und wann tut er das? Was sagt er dir?

Notiere dir jeden Abend wirklich schriftlich deine Erkenntnisse. Und beobachte dich einfach dabei.

Die Antwort liegt in dir

Es gibt immer wieder gute Gründe, warum ein Paar sich trennt. Und es kann die beste Entscheidung sein, dich von deinem Partner zu trennen. Ich sehe immer wieder, wie verzweifelte und unglücklich Frauen in ihrer Beziehung sind. Und sie sehen die Trennung als einzigen Ausweg. Was richtig oder falsch ist, kann ich nicht sagen. Was ich tun kann ist, sie in ihren Möglichkeiten zu unterstützen und mit ihr herauszufinden, was sie wirklich möchte und wie ihre Beziehung sein

darf. Durch die Veränderung des Fokus verändert sich oftmals langfristig auch die Beziehung und blüht wieder auf. Das ist möglich, wenn die Grundlage tragfähig und belastbar ist.
Doch keiner kann zaubern. Wenn die Basis nicht stimmt, wenn Werte sich zu sehr verändert haben (oder klar wird, dass es noch nie gemeinsame Werte gegeben hat) oder die Gefühle einfach nicht mehr da sind, dann ist es an der Zeit, eine Entscheidung zu treffen. Dann ist es an der Zeit, der Angst ins Gesicht zu schauen.

- Was hält dich zurück?
- Was hält dich noch in dieser Beziehung?
- Warum traust du dich nicht?
- Welche Unterstützung brauchst du?
- Wie sieht das überhaupt aus, wenn du dich trennen würdest?
- Wie finanzierst du dann dein Leben?
- Wie läuft das mit deinen Kindern?

Ich möchte dir da auch sagen: Du kannst das schaffen. Schau dir an, wie viele Frauen sich von ihrem Partner getrennt haben. Oder der Mann von seiner Frau. Und du musst es auch nicht alleine schaffen. Du darfst dir helfen lassen. Es gibt zum Beispiel auch kostenlose Beratungsstellen bei der Caritas oder beim SkF (Sozialdienst katholischer Frauen).

Ich bin froh, dass wir uns nicht aufgegeben und an uns geglaubt haben. Und auch, dass wir unsere Ängste bezüglich einer Trennung frei aussprechen konnten. Ich hatte große Angst vor den finanziellen Auswirkungen: Wie kann ich meinen und den Lebensunterhalt der Kinder noch finanzieren? Was passiert, wenn es einen Rosenkrieg gibt? Diese Ängste konnte Markus mir nehmen. Und zwar alle. Das war eine enorme Erleichterung. Auch da spürte ich unsere tiefe Verbundenheit. Seine Ängste lagen eher bei der Frage, wie oft er unsere Kinder dann noch sehen kann. Er hat, obwohl er beruflich immer viel unterwegs war, ein sehr enges Verhältnis zu ihnen. Es würde Markus und auch den Mädels das Herz brechen, wenn er sie nur noch alle 14 Tage zwei Tage sehen könnte. Mich würde es auch recht schnell in die Knie bringen. Also konnte ich ihm seine Ängste nehmen. Wir würden einen guten Weg für alle Beteiligten finden und ich würde ihm niemals seine Kinder vorenthalten. Als wir diese Ängste ausgesprochen hatten, konnten wir beide tiefer atmen. Und wir sind sehr dankbar, dass alles nicht eingetreten ist.

Du hast alles, was du brauchst

Sehr viele meiner Klientinnen erleben in ihren Beziehungen auf einmal einen zweiten Frühling. Sie verlieben sich wieder in ihren eigenen Mann. Willst du auch, dass deine Beziehung richtig richtig gut wird? Dann lebe endlich deine Weiblichkeit. Tob dich aus – in jeder Beziehung und in allen Facetten. Entdecke deine innere Göttin. Entdecke deine Lust. Feiere dich und deine Lust. Es ist wirklich nichts Verwerfliches daran.
Der Zeitpunkt für deine persönliche Revolution war nie besser als jetzt. Mach dir klar, dass du alleine für deinen Spaß und dein Glück verantwortlich bist. Jeden Tag. Wenn du es willst, kannst du dein Glück jederzeit in den Händen halten. Wenn du daran glaubst und es fühlst, dass du alles sein darfst, was du möchtest, dann kannst du es auch sein.
Erlaube dir du zu sein. Erlaube dir, mutig und wild zu sein.
Erlaube dir deine Weiblichkeit. Sie ist ein so großes Geschenk.

Viele Frauen versuchen, ihre Weiblichkeit durch ihr äußeres Erscheinungsbild zu zeigen. Sie ziehen kurze Röcke an und tragen tonnenweise Make-up. Sie haben eine „perfekte" Figur. Nur wirken sie, als hätten sie einen Besenstiel verschluckt. Sie versuchen, etwas im Außen darzustellen, was sie im Inneren einfach nicht sind. Und das funktioniert nicht. Das Ego will ihnen weismachen, mit drei Kilo weniger oder den strafferen Brüsten wären sie eine tolle Frau. Und sie tun und ackern, sie trainieren hart. Sie lassen OPs über sich ergehen. Immer nur mit dem Wunsch, schöner, weiblicher, perfekter zu werden.

Doch das Ego ist ein gemeiner Hund. Es ist nämlich nie zufrieden, genauso wenig wie die Frau. Für einen kurzen Moment stellt sich Befriedigung ein, dann kommt die nächste Baustelle. Ein ewiger Teufelskreis.

Es funktioniert genau andersherum. Überraschenderweise hast du nämlich schon alles, was du brauchst. Du bist sexy, du bist weiblich, du bist wunderschön. Also löse dich von den Ketten der moralischen Vorschriften. Lass dir von anderen (besonders von denen, die wirklich keine Ahnung haben) doch nicht vorschreiben, wie Sex geht. Lass dir nicht erzählen, was weiblich ist und was nicht. Sei gut zu dir und deinem wunderbaren Körper.

Probiere dich aus. Erfinde dich neu. Und lebe dieses Gefühl.

Dann strahlst du von innen.

Du kannst zu der fantastischen Frau werden, die du bist.

Du kannst lieben, so tief und so ekstatisch, wie es dein Geburtsrecht ist.

Ende und Anfang

So, meine Liebe, wir sind am Ende dieser Reise angekommen.
Wenn mir jemand vor zehn Jahren gesagt hätte, was ich heute tue und wie ich arbeite, hätte ich laut gelacht. Ich habe dir in diesem Buch von meiner Reise erzählt. Von den Stationen, die ich gegangen bin, und den Tools, die mich unterstützt haben.
Offenheit, Mut, Vertrauen und Liebe jedoch waren und sind das Wichtigste auf meiner Reise. Vor allem die Liebe zu mir selbst.

Hast du Kinder? Hast du Menschen, denen du als Vorbild dienst? Als Tante, als gute Freundin?
Was wünschst du dir für deine Kinder? Was für ein Leben sollen sie leben?
Selbstbewusst? Frei? Unabhängig?
Sollen sie sich ihrer Stärke und ihrer Kraft bewusst sein?
Sollen sie sich so wahrnehmen, wie du sie siehst?
Dann gibt es für dich nur einen Weg. Lebe es ihnen vor. Es nützt nichts, dieses Wissen zu haben und nicht danach zu handeln. Es nützt nichts, sich Dinge zu wünschen, aber nichts Entsprechendes zu tun.

Wir brauchen dich.
Diese Welt braucht Frauen voller Liebe.
Frauen, die sich ihrer Weiblichkeit bewusst sind.
Frauen, die sich ihrer Stärken bewusst sind.
Frauen, die in sich ruhen.
Frauen, die führen – auf charmante weibliche Art.

Meine Intention, dieses Buch zu schreiben, war, dass du zu der Frau wirst, die du sein möchtest. Dass ich dich dazu inspirieren kann, danach zu suchen, was du möchtest und wie deine ersten Schritte dahin aussehen.
Lass dich auf deine Reise ein.
Für dich. Für deine Kinder. Für alle Frauen, denen du als Inspiration dienst.
Danke, dass ich dich ein Stück deines Weges begleiten durfte.

Deine Ellen

Dank

Ein Buch zu schreiben, das ist nicht das Werk von einer oder einem allein. Mein Buch ist das Ergebnis einer wunderbaren Teamarbeit. Es ist das Ergebnis von vielen Menschen, die sich gegenseitig unterstützen und aneinander glauben.

Es gibt viele Menschen, die daran mitgewirkt haben, aber es gibt nur einen Menschen, der dafür gesorgt hat, dass ich es schreibe.

Ohne ihn wäre meine Geschichte gar nicht möglich. Weil er meine Geschichte mitgeschrieben hat. Mit allen Höhen und allen Tiefen. Ohne seine Zuversicht, ohne seinen Glauben, ohne sein Sein wäre meine Geschichte heute nicht die, die ich erzählen könnte.

Danke, Markus, dass du unermüdlich an mich glaubst. Selbst dann, wenn ich nicht mehr geglaubt habe. Danke, für deine Inspiration, Dinge zu tun oder eben genau nicht zu tun. Danke, dass ich so frei von uns erzählen darf. Dass du dich mit allem, was ich tue, identifizierst und hinter mir stehst.

Danke meinen Kindern, die mich in so mancher Situation ermutigt und mir gezeigt haben, wie wichtig mein Tun ist. Die mir immer wieder ein wunderbarer Spiegel sind. Die so manchen doofen Kommentar über sich ergehen lassen mussten. Ihr seid so wundervoll und ich bin so stolz auf euch.

Danke an meine Familie. Ihr habt mir die nötigen Wurzeln gegeben und Flügel zum Fliegen. Ohne euch wäre ich heute nicht die Frau, die ich bin. Ihr seid immer da, wir können immer auf euch zählen. Auch wenn es für euch selbstverständlich ist, mir zu helfen, ist es ein so bestärkendes und wundervolles Gefühl.

Danke an meine lieben Freundinnen, die mich auf meinem Weg begleitet und mir Mut zugesprochen haben, wenn ich ihn brauchte. Danke, dass ihr für mich da seid.

Besonderen Dank an Jenny Otte, die immer wieder meine Texte gelesen und meine Botschaft erkannt hat. Danke, dass ich mit dir und euch gemeinsam gehen kann.

Danke, dass ihr an mich glaubt.

Danke an meine wunderbare Buchbegleitung Fitore Brahimi. Du bist die Hebamme dieses Buches. Du hast mich so wundervoll auf den Weg gebracht und mir geholfen. Ohne dich wäre dieses Buch so nicht auf die Welt gekommen.

Danke an meine Lektorin Andrea Langenbacher. Du hast meinem Rohdiamanten den nötigen Schliff und den wunderbaren Namen gegeben. Ich freue mich schon auf viele weitere Projekte mit dir.

Danke auch an Ina Oakley, die mein Cover illustriert und gestaltet hat. Ich bin so dankbar, dass du an meiner Seite bist. Ich freue mich schon sehr auf unsere zukünftigen gemeinsamen Projekte.

Danke an meine Tochter Theresa, die dieses Buch mit ihren wundervollen Illustrationen geschmückt hat.

Danke an meine lieben Coaches und Mentor*innen. Ich habe mir sagen lassen, dass ich manchmal eine harte Nuss bin und von daher: Noch mal danke, dass ihr mir geholfen habt, meine Schalen zu knacken. Es bedeutet mir so viel, euch an meiner Seite zu haben.

Und ganz besonders danke ich allen meinen Klientinnen.
Ohne euch wäre dieses Buch so nicht möglich gewesen.
Danke, dass ihr mir vertraut habt.
Danke, dass ich ein Teil eures Lebens sein darf.
Danke, dass wir gemeinsam durch dick und dünn gehen.

Und natürlich einen herzlichen Dank an dich, liebe Leserin. Ohne dich, meine Liebe, wäre dieses Buch sinnlos. Du machst meine Arbeit und meine Botschaft erst möglich. Es ist so wundervoll, an deiner Seite zu sein.

Danke für dein Vertrauen.

Zugangsdaten Downloadbereich

Hier findest du die Zugangsdaten für den Downloadbereich auf meiner Webseite.

Nach dem Einloggen kannst du hier weitere Informationen, wie zum Beispiel Vordrucke oder Übungen, auf dein Endgerät herunterladen.

Du findet alles unter:
https://www.ellenlutum.de/downloads

Benutzername: DuBistEinWunder
Passwort: download

Literaturverzeichnis

Bannink, F. (2012). *Praxis der positiven Psychologie.* Hogrefe Verlag.

Bernier, L., & Lenghan, R. (2017). *Die Strichmännchen-Technik.* Kirchzarten: VAK Verlag.

Byrne, R. (2007). *The Secret.* Deutschland : Arkana.

Granovsky, M. (01. November 2018). *lebenshilfe-leer.* (T. Rheinland, Produzent) Abgerufen am 01. Juni 2020 von https://lebenshilfe-leer.de/content/images_web/das_war_los/tuev_rheinland_resilienz.pdf

Hay, L. (2017). *Heile deinen Körper.* Düsseldorf: Lüchow Verlag.

Hay, L. (2018). *Spiegelarbeit, Heile deinen Körper in 21 Tagen* . Heyne Verlag.

Hoffmann, R. (2020). *Songtexte.com.* Abgerufen am 01. September 2020 von PiPaPo Songtext: https://www.songtexte.com/songtext/rudiger-hoffmann/pipapo-13cf217d.html

Junge, J. (01. Januar 2020). Positive Psychologie. *Happi Soul*, S. 100.

Kaluza, G. (2018). *Gelassen und sicher im Stress.* Wiesbaden: Springer.

Lindau, V. (2019). *Werde Verrückt.* Deutschland: Goldmann Verlag.

manifestation-boost. (28. Mai 2017). Abgerufen am 01. August 2020 von 70.000 Gedanken pro Tag - Wie wirken sie sich aus?: https://www.manifestation-boost.de/70000-gedanken-pro-tag-wie-wirken-sie-sich-aus/

Marquez, A. L. (24. November 2017). *newslichter*. Abgerufen am 01. August 2020 von Die alte Heilerin der Seele: https://www.newslichter.de/2017/11/die-alte-heilerin-der-seele/

mindmonia. (26. August 2020). *mindmonia*. Abgerufen am 26. August 2020 von Karma und seine 12 Gesetze: http://mindmonia.com/de/karma

Nickelsen, K. (2015). *Ja zum Nein*. Wiesbaden: Springer Fachmedien.

Rassek, A. (13. Januar 2020). *karrierebibel*. Abgerufen am 01. Juni 2020 von Retikuläres Aktivierungssystem: So wirkt es sich auf uns aus: https://karrierebibel.de/retikulaeres-aktivierungssystem/

Seiler, L. M. (04. Dezember 2019). *Laura Malina Seiler*. Abgerufen am 30. Juni 2020 von Persönliche Weiterentwicklung – Was das ist und wie du sie für dich nutzen kannst: https://lauraseiler.com/personlicher-weiterentwicklung/

van Stappen, A. (2012). *Das kleine Übungsheft- Selbstliebe*. München: Trinity Verlag.

Wikipedia. (8. September 2018). *Wikipedia*. Abgerufen am 01. August 2020 von Handbuch für die gute Hausfrau: https://de.wikipedia.org/wiki/Handbuch_f%C3%BCr_die_gute_Hausfrau

Williamson, M. (1993). *Rückkehr zur Liebe*. (S. Kahn-Ackermann, Übers.) München: Arkana Verlag, in der Verlagsgruppe Random House GmbH.

SEI DIE LIEBE DEINES LEBENS
Das Workbook

Du hast bereits den ersten Schritt zu deinem neuen Ich geschaffen. Doch jetzt merkst du, dass dir die Umsetzung im Alltag immer schwerer fällt. Gewohnheiten zu verändern ist leider nicht so einfach, wie wir uns das oftmals wünschen. Die Motivation flacht schnell wieder ab und die neu begonnen Denkweisen machen den gewohnten Mustern schnell wieder Platz.

Aus diesem Grund habe ich dieses Workbook entwickelt. Wir gehen hier Schritt für Schritt den Prozess weiter. Neben den bekannten Übungen aus diesem Buch, findest du in diesem Arbeitsbuch weitere Übungen und Impulse, sowie ein komplettes Journal.

Es begleitet dich jeden Tag und hilft dir, aus neuen Denkweisen gewohnte zu machen.

Dieses Workbook unterstützt dich darin, nicht nur zu verstehen, sondern auch endlich zu fühlen, wie großartig du bist. Ja, es kann sein, dass du bereits einiges getan hast, dass du vielleicht schon einige Übungen kennst. Doch, nur durch Wiederholung schaffen wir neue Verbindungen der Denkweisen. „Dran bleiben" heißt die Devise.

Das musst du nicht alleine schaffen- lass dich immer wieder von meinen Worten und auch den Übungen motivieren, diesen Prozess zu durchlaufen.

Mehr Infos zum Workbook findest du auf meiner Webseite oder im Amazon Store.

Scan mich

SCHLUSS MIT Diätwahnsinn

Attraktiv und schön zu sein wünscht sich heutzutage vermutlich beinahe jeder. Doch leider sind die modernen Schönheitsideale oft nur schwierig zu erreichen oder gänzlich unrealistisch. So stellt sich natürlich die Frage, ob und inwiefern es überhaupt einen Sinn ergibt, diesen Idealen nachzueifern und sich dabei ständig unwohl und ungenügend zu fühlen.

Doch damit ist nun endlich Schluss!
Der Schlüssel zu Wohlbefinden und Zufriedenheit liegt nämlich darin zu verstehen, was einen wirklich ausmacht und wie wertvoll und wunderschön man selbst ist - auch ohne die perfekte Strandfigur!
Mit meinem Buch gelingt es dir, dich selbst besser kennenzulernen sowie zu akzeptieren und dich endlich so großartig zu fühlen, wie du es verdient hast!
Fitness, Diäten und Co. verhelfen dir nicht automatisch zu Selbstbewusstsein und Wohlbefinden. Diese Erkenntnis ist der Beginn eines völlig neuen Lebens.

Mehr Infos und Bestellmöglichkeiten findest du auf meiner Webseite. Scanne dazu einfach den QR-Code.

Printed in Poland
by Amazon Fulfillment
Poland Sp. z o.o., Wrocław

90909991R00127